U0033734

吳忠信日記

（1947）

The Diaries of Wu Chung-hsin, 1947

民國日記 ｜ 總序

呂芳上
民國歷史文化學社社長

　　人是歷史的主體，人性是歷史的內涵。「人事有代謝，往來成古今」（孟浩然），瞭解活生生的「人」，才較能掌握歷史的真相；愈是貼近「人性」的思考，才愈能體會歷史的本質。近代歷史的特色之一是資料閎富而駁雜，由當事人主導、製作而形成的資料，以自傳、回憶錄、口述訪問、函札及日記最為重要，其中日記的完成最即時，描述較能顯現內在的幽微，最受史家重視。

　　日記本是個人記述每天所見聞、所感思、所作為有選擇的紀錄，雖不必能反映史事整體或各個部分的所有細節，但可以掌握史實發展的一定脈絡。尤其個人日記一方面透露個人單獨親歷之事，補足歷史原貌的闕漏；一方面個人隨時勢變化呈現出不同的心路歷程，對同一史事發為不同的看法和感受，往往會豐富了歷史內容。

　　中國從宋代以後，開始有更多的讀書人有寫日記的習慣，到近代更是蔚然成風，於是利用日記史料作歷

史研究成了近代史學的一大特色。本來不同的史料，各有不同的性質，日記記述形式不一，有的像流水帳，有的生動引人。日記的共同主要特質是自我（self）與私密（privacy），史家是史事的「局外人」，不只注意史實的追尋，更有興趣瞭解歷史如何被體驗和講述，這時對「局內人」所思、所行的掌握和體會，日記便成了十分關鍵的材料。傾聽歷史的聲音，重要的是能聽到「原音」，而非「變音」，日記應屬原音，故價值高。1970年代，在後現代理論影響下，檢驗史料的潛在偏見，成為時尚。論者以為即使親筆日記、函札，亦不必全屬真實。實者，日記記錄可能有偏差，一來自時代政治與社會的制約和氛圍，有清一代文網太密，使讀書人有口難言，或心中自我約束太過。顏李學派李塨死前日記每月後書寫「小心翼翼，俱以終始」八字，心所謂為危，這樣的日記記錄，難暢所欲言，可以想見。二來自人性的弱點，除了「記主」可能自我「美化拔高」之外，主觀、偏私、急功好利、現實等，有意無心的記述或失實、或迴避，例如「胡適日記」於關鍵時刻，不無避實就虛，語焉不詳之處；「閻錫山日記」滿口禮義道德，使用價值略幾近於零，難免令人失望。三來自旁人過度用心的整理、剪裁、甚至「消音」，如「陳誠日記」、「胡宗南日記」，均不免有斧鑿痕跡，不論立意多麼良善，都會是史學研究上難以彌補的損失。史料之於歷史研究，一如「盡信書不如無書」的話語，對證、勘比是個基本功。或謂使用材料多方查證，有如老吏斷獄、法官斷案，取證求其多，追根究柢求其細，庶幾還原

案貌，以證據下法理註腳，盡力讓歷史真相水落可石出。是故不同史料對同一史事，記述會有異同，同者互證，異者互勘，於是能逼近史實。而勘比、互證之中，以日記比證日記，或以他人日記，證人物所思所行，亦不失為一良法。

從日記的內容、特質看，研究日記的學者鄒振環，曾將日記概分為記事備忘、工作、學術考據、宗教人生、游歷探險、使行、志感抒情、文藝、戰難、科學、家庭婦女、學生、囚亡、外人在華日記等十四種。事實上，多半的日記是複合型的，柳貽徵說：「國史有日歷，私家有日記，一也。日歷詳一國之事，舉其大而略其細；日記則洪纖必包，無定格，而一身、一家、一地、一國之真史具焉，讀之視日歷有味，且有補於史學。」近代人物如胡適、吳宓、顧頡剛的大部頭日記，大約可被歸為「學人日記」，余英時翻讀《顧頡剛日記》後說，藉日記以窺測顧的內心世界，發現其事業心竟在求知慾上，1930 年代後，顧更接近的是流轉於學、政、商三界的「社會活動家」，在謹厚恂恂君子後邊，還擁有激盪以至浪漫的情感世界。於是活生生多面向的人，因此呈現出來，日記的作用可見。

晚清民國，相對於昔時，是日記留存、出版較多的時期，這可能與識字率提升、媒體、出版事業發達相關。過去日記的面世，撰著人多半是時代舞台上的要角，他們的言行、舉動，動見觀瞻，當然不容小覷。但，相對的芸芸眾生，識字或不識字的「小人物」們，在正史中往往是無名英雄，甚至於是「失蹤者」，他們

如何參與近代國家的構建，如何共同締造新社會，不應該被埋沒、被忽略。近代中國中西交會、內外戰事頻仍，傳統走向現代，社會矛盾叢生，如何豐富歷史內涵，需要傾聽社會各階層的「原聲」來補足，更寬闊的歷史視野，需要眾人的紀錄來拓展。開放檔案，公布公家、私人資料，這是近代史學界的迫切期待，也是「民國歷史文化學社」大力倡議出版日記叢書的緣由。

導言

王文隆

南開大學歷史學院副教授

一、吳忠信生平

吳忠信（1884-1959），字禮卿，一字守堅，別號恕庵，安徽合肥人。1900 年八國聯軍攻陷北京，光緒帝與慈禧太后西逃，鑑於國難而前往江寧（南京）進入江南將弁學堂，時年僅十七。1905 年夏天畢業後，奉派前往鎮江辦理徵兵，旋受命為陸軍第九鎮第三十五標第三營管帶，開始行伍生涯。隔年經楊卓林介紹，秘密加入同盟會。1911 年武昌起義，全國響應。林述慶光復鎮江，自立為都督，任吳忠信為軍務部部長，後改委為江浙滬聯軍總司令部總執行法官兼兵站總監。

1912 年元旦，孫中山就任中華民國臨時大總統，奠都南京，吳忠信任首都警察總監。孫中山辭職後，吳忠信轉至上海《民立報》供職，二次革命討袁時復任首都警察總監，失敗後亡命日本，加入孫中山重建的中華革命黨。並於 1915 年，在陳其美（字英士）帶領下，與蔣中正同往上海法國租界參預討袁戎機，奠下與蔣中正的深厚情誼。1917 年，孫中山南下護法組織軍政府，吳忠信奉召前往擔任作戰科參謀，襄助作戰科主任蔣中正，兩人合作關係益臻緊密。爾後，吳忠信陸續擔任粵軍第二軍總指揮、桂林衛戍司令等職。1922 年，

吳忠信作為孫中山的全權代表之一員，與段祺瑞、張作霖共商三方合作事宜。同年 4 月前往上海時，因腸胃病發作，辭去軍職，卜居蘇州。爾後數年皆以身體不適為辭，在家休養，與好友羅良鑑（字偕子）等人研究諸子百家。

　　1926 年 7 月，蔣中正就任國民革命軍總司令，誓師北伐，同年 11 月克復南昌後，邀請吳忠信出任總司令部顧問，其後歷任江蘇省政府委員、淞滬警察廳廳長、建設委員會委員、河北編遣委員會主任委員等職。1929 年，因國家需要建設，前往歐美考察十個月。1931 年 2 月奉派為導淮委員會委員，同月監察院成立，又任監察委員。1932 年 3 月受任為安徽省政府主席，次年 5 月辭職獲准後，轉任軍事委員會南昌行營總參議。1935 年 4 月擔任貴州省政府主席，次年 4 月因胃腸病復發加以兩廣事變，呈請辭職，奉調為蒙藏委員會委員長。自此主掌邊政八年，期間曾親赴西藏主持達賴喇嘛坐床、前往蘭州致祭成吉思汗陵，並視察寧夏、青海及新疆等邊疆各地。1944 年 9 月調任新疆省政府主席兼保安司令，對內以綏撫為主，對外應付蘇聯及三區（伊犁、塔城、阿山）革命問題，1946 年 3 月辭任後，任國民政府委員，並當選第一屆國民大會代表。

　　1948 年 4 月，蔣中正當選行憲後第一任中華民國總統，敦聘吳忠信為總統府資政，復於該年年底委為總統府秘書長。1949 年 1 月 21 日蔣中正引退後，吳忠信堅辭秘書長職務，僅保留資政一職。上海易手之前，吳忠信舉家遷往台灣，被推為中國國民黨中央非常委員會

委員，並任中國銀行董事、中央銀行常務理事。1953
年 7 月起，擔任中央紀律委員會主任委員。1959 年 10
月，吳忠信腹瀉不止，誤以為腸胃痼疾發作，未加重
視。不久病情加劇，乃送至榮民總醫院，診療結果為肝
硬化，醫藥罔效，於該年 12 月 16 日辭世。

二、《吳忠信日記》的史料價值

吳忠信自 1926 年任國民革命軍總司令部顧問時開
始撰寫日記，至1959 年辭世前為止，共有 34 年的日
記。其中 1937、1938 年日記存藏於香港，1941 年年
底日軍佔領香港時未及攜出而焚毀，因而有兩年闕佚
（1942.3.15《吳忠信日記》）。

《吳忠信日記》部分內容，例如《西藏紀遊》、
《西藏紀要》以及《吳忠信主新日記》曾先後出版，披
露其在 1933 年經英印入藏辦理達賴喇嘛坐床大典以及
1944 年出任新疆省政府主席之過程，其餘日記內容大
多未經公開。現在透過民國歷史文化學社的努力，將該
批日記現存部分，重新打字、校訂出版，以饗學界。這
批日記的出版，足以開拓民國史研究的新視角。

（一）蔣吳情誼

蔣中正與吳忠信的情誼在日記中處處可見。除眾所
周知的託其就近關照蔣緯國及姚冶誠一事外，蔣中正派
任吳忠信為地方首長的背後，也有藉信賴之人，安頓地
方、居間調處的考量。如吳忠信於 1935 年 4 月派為貴
州省政府主席，原以江南為實力基礎的南京國民政府，
得以將其力量延伸入西南，在當地推展教育與交通等基

礎建設，並透過吳忠信居間溝通協調南京與桂系關係，從日記中經常記述與桂系來人談話可見一斑。而薛岳此時以追剿為名，率中央軍進入貴州，在吳忠信與薛岳兩人通力合作之下，加強中央對貴州的掌控，為未來抗戰的後方準備奠立基礎。又如吳忠信於抗戰末期接掌新疆省務，以中央委派之姿取代盛世才為新疆省政府主席，一改「新疆王」盛世才當政時的高壓政策，採取懷柔態度，釋放羈押的漢、維人士，並派員宣撫南疆，圖使新疆親近中央，這都得是在蔣中正對吳忠信的高度信任下，才能主導的。當蔣中正於 1949 年 1 月下野，李宗仁代總統時，吳忠信居間穿梭蔣中正、李宗仁二人之間，由是可見吳忠信在二人心中的特殊地位。直至蔣中正於 1950 年 3 月 1 日「復行視事」，每個布局幾乎都有吳忠信的角色存在。

（二）蒙藏邊政

　　吳忠信長年擔任蒙藏委員會主任委員，關於邊疆問題的觀點與處置，也是《吳忠信日記》極具參考價值的部分。吳忠信掌理蒙藏委員會，恰於全面抗戰爆發前至抗戰末期，在邊政的處置上，期盼蒙、藏、維等邊疆少數民族能在日敵當前的情況下，親近中央、維持穩定。針對蒙藏，吳忠信各有安排，如將蒙古族珍視的成吉思汗陵墓遷移蘭州，以免日敵利用此一象徵的用心。對於藏政，則透過協助班禪移靈回藏（1937 年）、達賴坐床大典（1940 年 2 月）等重要活動，維護中央權威，避免西藏藉英國支持而逐漸脫離中央掌控。1940 年 5 月於拉薩設置蒙藏委員會駐藏辦事處是最成功的宣示，

力採「團結蒙古、安定西藏」的策略，穩定邊陲。吳忠信親身參與、接觸的人面廣泛，對於邊事的觀察與品評，值得讀者深思推敲。

（三）貫穿民國史的觀察

長達 34 年的《吳忠信日記》，貫穿了國民政府自北伐統一、訓政建國、抗日戰爭到國共內戰，以及政府遷台初期的幾個重要階段。透過吳忠信得以貼近觀察各階段的施政重心與處置辦法，以個人史或是生活史的角度，觀察黨政要員在這些動盪之中的處境、心境與動態。更能搭配其他同樣經歷人士的紀錄，相互佐證。

三、日記所見的個人特質

日記撰述，能見記主公私生活，從中探知其性格與思維，就日記的內容來分析，或許能得知吳忠信的個人特質。

（一）愛家重情

吳忠信的愛家與重情，有兩個層面，一是對於家族的關懷，一是對於鄉誼、政誼的看重。家人一直都是他的牽絆與記掛，他與正室王惟仁於 1906 年結婚，卻膝下無子。在惟仁的寬宏下，年四十迎娶側室湘君，1926年初得長女馴叔，嘗到為人父的喜悅。爾後湘君又生長子申叔，使得吳家有後，但沒過多久，湘君竟因肺炎撒手人寰，年方二十五，使得吳忠信數日皆傷心欲絕，在日記中曾寫道：「自伊去後，時刻難忘。每一念及，不知所從。」（1932.12.31《吳忠信日記》）爾後吳忠信經常前往湘君墳上流連，一解思念之情。湘君故後，吳

忠信又迎娶麗君（後改名麗安），生了庸叔、光叔兩子。不過吳忠信與麗安感情不睦，經常爭執，在日記中多次記下此事的煩擾。吳忠信重視子女教育，抗戰勝利後，馴叔赴美求學，嫁給同樣赴美、專攻數量經濟學的林少宮，生下了外孫，讓吳忠信相當高興。1954 年，或因聽聞林少宮將攜家帶眷離美赴大陸，吳忠信並不贊成，不斷去函馴叔勸其留在美國，如果一定要離開，也務必來台。同年 8 月 6 日，吳忠信獲悉馴叔一家已經離開美國，不知所蹤，從此以後，日記鮮少提到這個疼愛的女兒。這一年年末在日記的總結寫道：「最煩神是子女問題，尤其家事真是一言難盡。」表現出心中的苦悶。

吳忠信相當看重安徽同鄉，安徽從政前輩中最敬重的要屬北京政府國務總理段祺瑞，兩人政治立場並不相容，但鄉誼仍重。吳忠信自段祺瑞移居上海後，經常從蘇州前往探望，段祺瑞身故時，也親往弔祭。對於同鄉後進，無論是在政界或是學界，多所關照，願意接見、培養或是推介，因此深為鄉里所敬重。如 1939 年在段祺瑞女婿奚東曙的引介下，會晤出身安徽舒城的孫立人，在當天的日記中寫道：「〔孫立人〕清華大學畢業後，赴美國學陸軍，八一三上海抗日之後，身負重傷，勇敢可佩。此人頭腦清楚，知識豐富，本省後起之秀。」（1939.9.28《吳忠信日記》）頗為欣賞。或許是命運的作弄，當 1955 年爆發郭廷亮匪諜案時，吳忠信恰為九人調查委員會的一員，於公不能不辦，但於私仍同情孫立人的處境，認為他「一生戎馬，功在黨國，得

此結果，內心之苦痛，可以想見，我亦不願多言，是非曲直留待歷史批評」。

吳忠信同樣在乎的還有政誼，盡力多方關照共事的同事。如羅良鑑不僅是他生活的良伴，也是與他同任安徽省政府委員的至交，兩人都在蘇州購地造園，經常往來。爾後，吳忠信主政安徽省、貴州省與蒙藏委員會時，羅良鑑都是他的左右手，離任蒙藏委員會時，更推薦羅良鑑繼任。1948 年 12 月 21 日，羅良鑑夫婦自上海前往香港，飛機失事罹難，隔年骨灰歸葬蘇州。吳忠信在蔣、李兩方居間穿梭繁忙之際，特地回到蘇州參加喪禮，深為數十年好友之失而悲痛，可看出吳忠信個人重情、真誠的一面。

（二）做人做事有志氣有宗旨

吳忠信曾經在 1939 年元旦的自勉中，自述「余以為做人做事，必有志氣，有宗旨，然後盡力以赴，始可有成。」另亦述及「自入同盟會、中華革命黨而迄于今，未敢稍渝此旨。至以處人論，則一秉真誠，不事欺飾，對於人我分際之間，亦嘗三致意焉。」這是他向來自持的。就與蔣中正的關係而論，自詡亦掌握此一原則，他在同日又記下：「余與蔣相處，民十五後可分三個階段，由十六年起至十八春出洋止，以革命黨同志精神處之；由十九年遊歐美歸國起至二十一年任安徽省主席以前止，則以朋友方式處之；由安徽主席起以至于今，則以部屬方式處之。比年服務中樞，余于本身職掌外，少所建議，于少數交遊外，少所往還，良以分際既殊，其相處之標準，不可不因之而異也。余在過去十二

年來，因持有上述之宗旨與標準，故對國事，如在滬、在平、在皖、在黔及目前之在蒙藏委員會，均能振刷調整，略有建樹，絲毫未之貽誤；對友人如過去之與蔣，雖交誼深厚，然他人則與之誤會叢生，而余仍能保持此種良好關係，感情日有增進，而毫無芥蒂。……即無論國家之情勢若何，當一本過去，對國竭其忠、對友竭其力，如此而已。概括言之：即「救國」、「助友」兩大方針是也。」

由此可知，在吳忠信待人之原則，必先確認兩人之關係，進而以身分為斷，調整相待之禮。他長時間服務公職，練就出一套為公不私的原則，經常在日記中自記用人、薦人之大公無私，此亦為其「救國」、「助友」之顯現，常以「天理、國法、人情」與來者共勉。

四、結語

吳忠信於公歷任軍政要職，於私是家族中的支柱。公私奔忙之餘，園藝之樂，或許才是他的最愛。他常在一手規劃的蘇州庭園裡，親自修剪、壅土，手植的紫藤、楓樹、柳樹、紅梅、白梅等在園中，隨著季節的變化而映放姿彩，園林美景是他內心的慰藉。吳忠信1949年回蘇州參加羅良鑑夫婦葬禮後，短暫地回到自宅園林，感嘆地寫道：「園中紅梅業已開散，白梅尚在開放，香味怡人。果能時局平定，余能常住此園以養殘年，余願足矣。」（1949.2.21《吳忠信日記》）可惜，這是他最後一次回到蘇州，之後再無重返機會，願與天違。

　　這份與民國史事有補闕作用的《吳忠信日記》並非全出於其個人手筆，部分內容為下屬或親屬經其口述謄寫而成。1940 年，他就提到：「余自入藏以來，身體時常不適，且事務紛繁，日記不時中斷，故託纕蘅兄代記，國書姪代繕。」（1940.1.23《吳忠信日記》）且在記述中，也有於當日日記之末，囑咐某一段落應增添某公文，或是某電文的文字，或可見其在撰述日記之時，便有日後公諸於世的預想。或許是如此，吳忠信在撰寫日記時，不乏為自己的行動辯白，或是對他人、事件之品評有所保留的情況，此或許是利用此份日記時須加以留意的地方。

編輯凡例

一、 本社出版吳忠信日記，起自 1926 年，終至 1959
　　 年，共 34 年。其中 1926 年日記為當年簡記，兼
　　 錄 1951 年補述版本；1937 年至 1938 年於太平洋
　　 戰爭爆發後，其家人逃離香港時焚毀，僅有補述
　　 版本。

二、 古字、罕用字、簡字、通同字，在不影響文意
　　 下，改以現行字標示。

三、 日記中原留空白部分，以□表示；難以辨識字
　　 體，以■表示。編註以【 】標示。

四、 作者於書寫時，人名、地名、譯名多有使用同音
　　 異字、近音字，落筆敘事，更可能有魯魚亥豕之
　　 失，為存其真，恕不一一標註、修改。但有少數
　　 人名不屬此類，為當事人改名者，如麗君改名麗
　　 安、曾小魯改名曾少魯等情形，特此說明。

目錄

1947 年（民國 36 年）　64 歲

1 月 1 日　星期三

　　余年六十四矣，數年來眼近而花，記心大不如前，體力亦漸衰弱，這是人生應有之過程。因此今後日記採取備忘錄體裁，只記較重要、較遠大之事件，所有不必要之事件與每日無事可記，則改記年月日或氣候等，以省時間、以省心力。

　　余上午八時半前往陵園，參加中華民國開國紀念及中華民國憲法頒布祭告國父典禮。于九時半在陽光輝耀中國父陵前舉行，蔣主席及政府各院部會首長、國民大會代表、國民參政會參政員、中央執監委員約五百餘人均出席，蔣主席領導行禮如儀，並宣讀告文，于十時十五分軍樂聲中禮成。又于上午十一時到國民政府參加元旦團拜禮，典禮在大禮堂舉行，蔣主席即席致詞，勗勉與會同人樹立廉能精進之政風，迎接憲政，達成國家之安定與復興。旋即軍樂聲中洋溢一片歡喜之氣，散會。現在經濟、政治已日暮途窮，時在恐慌之中，余本年對國家唯一期望，在實現蔣主前勗勉詞，以解決當前國是各種困難與人民一時之休息。

1 月 2 日　星期四

　　張主席文白今午後三時由迪化飛返南京，余到機場歡迎。晚七時國防部白部長建生設宴為張洗塵，約余作陪。文白在新疆九個月，備嘗艱苦，現已進退兩難，余特加以安慰之語。

1月3日　星期五

今日有風，上午天晴，下午天陰。

1月4日　星期六

四川綏靖主任兼代省主席鄧晉康代表趙巨旭君來晤。伊日間返川，談及鄧主任今後應付時局，余曰以鄧主任經驗、地位、聲望，負四川責任非常適當，將來必可負更大之責任。我以為鄧主席深知自然道理，則一切事都可成功，余向來辦事以順自然、盡責任為唯一原則，請以此供獻鄧主任。趙深同情，並告鄧主任。

1月5日　星期日

蔣主席午時召宴，余準時往。在座有中央大學校長吳有訓、南開大學校長張伯苓、朱教育部長騮先、吳文官長建銓，暨川湘黔邊區綏靖潘主任文華諸人。席間主席垂詢藏事，余簡單說明藏人心理與西藏風俗。主席問余在不在南京？答曰在南京。席散後至大客廳，余繼續報告藏事。余曰關于藏事，已遵令與戴院長、吳文官長、四川張主席、西康劉主席五人研討三次，均主派員與藏代表談判，彼方所提之條件已與蒙藏委員會、內政部會商，擬派蒙藏委員會委員兼駐藏辦事處長沈宗濂、藏事處熊耀文、內政部民政司長楊君勵三人為中央代表，並指沈宗濂為首席代表。主席曰可以照辦。當即將名單取出交吳文官長，由國府令蒙藏委員會遵照主持辦理。主席並面諭吳文官長，速電印度，催沈宗濂回京。余又曰此次西藏派代表出席國民大會，又在憲法上專條

保證西藏自治，在國家已有相當收獲。該代表等受政府
數月特別之招待，為從來招待邊人所罕有，彼等即將回
藏，擬請主席多賜物品，使其滿意而歸。主席曰可派飛
機送他們到玉樹。余曰俟詢該代表意見，如願經過玉
樹，再請馬主席派騾馬護送入藏。說至此，主席問你走
不走（指南京）？余曰留此專理藏案（指現案）。主席
旋至另一客室，余再與主席談論他事。余乃將青年黨、
馬子香、盛世才、中孚銀行、胡國振及安徽諸事摘要，
面呈意見如下：

一、關于青年黨：余將曾琦兄（該黨領袖）之意見三點
　　詳為轉呈，而曰曾琦希望主席如先孫總理之對待伍
　　廷伍、譚延闓待他。蓋伍任美國大使時，先總理亡
　　命至美，伍請美政府阻止總理登陸，譚係保皇黨。
　　伍、譚均屬反對總理與國民黨者，總理革命成功
　　後，拋棄前嫌，對兩人頗信任。過去青年黨對主席
　　之態度遠無伍、譚對總理之甚，故望主席今後亦能
　　如總理對伍、譚兩人待之。青年黨內部困難，希望
　　將來政府改組時，能多用該黨人士參加中央與地方
　　政府。英、美、蘇三外長將在莫斯科舉行會議，請
　　主席特別注意英駐華大使活動，參加國共談判，尤
　　應防備英、美、蘇三國共同出來調停。

二、關于馬主席步芳事：余謂此次國民大會中，有人
　　散發傳單反對馬主席，馬請我向主席報告，全係冤
　　枉。主席答曰，此種反對，當予不理。余又曰馬主
　　席在西北地位重要，可以援助新疆，防範西藏，請
　　善遇之。

三、關于盛晉庸事：余曰盛氏來函，現被監院彈劾，請
　　主席代為說項。盛又云新疆殺人或死于親蘇政策，
　　或死于歸化軍其所屬之格別烏，或死于陰謀暴動。
　　就盛所云，彼在新作風多與蘇聯有關，是否由盛將
　　在新經過公諸國人，于國、于盛不無裨益也。

四、關于中孚銀事：余謂該行只有上海、北平、天津三
　　個行，規模甚小，在過去停業期間損失甚大，余已
　　被選任董事長，工作甚為輕閒。該行實力有限，余
　　又無資金運用，請主席關照宋子文、孔庸之兩先生
　　多多幫忙。

五、關于胡國振事：余曰此次在海很有幾天，知上海警
　　備司令兼警察局長宣鐵吾辦事甚為努力，聞有辭警
　　察局長職務，如果准辭，但上海警察關係重要，我
　　心目中，胡國振繼任最為相宜。胡前在新疆警務處
　　長，有幾次危急局面，都能應付裕如。主席問是吳
　　還是古月胡，余以胡之名字呈閱，觀主席態度，似
　　有可能。

六、關于安徽事：余曰安徽人迭次反對李品仙，李亦確
　　實未辦好。今中央如決定改組皖省府，則請從速改
　　組，如中央因環境暫時不克改組，則宜制止反對之
　　行動，使李可以安心辦事。主席連說很對、很對。
余即告辭，主席又問，你走不走？余曰不走，如有事，
請隨時喊我。今日主席三次問余走不走，此乃感情之所
致，抑或另有事囑辦也。

五日午後與張主席文白談話記要

　　張文白兄于午後二時來訪，談及新事。余曰盛晉庸治新是用恐怖政策，我用解放政策，兄此次治新是用自由政策，余之解放政策只能做到如此程度，兄之自由政策是無限度。此番余在京數月，經向各方解說新事是國際問題、力量問題，故非政治方式可得根本解決，至今各方對新事已漸了解。兄此次回京，應將新省實際情形與困難告訴各方，請中央予以協助，並可說明此次處理新事，所以不得不委曲求全者，無力打仗耳，文白甚以余言為是。因文白兄尚未進午餐，談半小時即告辭。文白深覺新事困難，尤以軍糧缺乏為可慮，臨行表示下次約定時間與余長談一切。並觀余居處狹小簡陋，頗有驚奇之色，而詢曰「先生在京無屋否？」笑而答曰「無」。戰前在京下榻之所即為二張，即兄與張靜江先生也。

1 月 6 日　星期一

　　中孚銀行總務處長孫臨芳君（仲敦）夜車來京，晨來見。報告近有人向市政府控訴孫仲立、璧威、仲犖種種通敵事，市府交警局查辦，警局傳中孚負責人詢問，因此已了結之仲犖案感覺不安，而將了之璧威案亦不便進行，請余返滬料理。余因留京料理藏事，不克前往，特派李芊龕赴滬與市當局接洽。孫仲敦問余為何有這許多人反對吾人？余答曰你們素來憑借租界交結外人，以及你們有能力、有金錢、有門第，不知不覺得罪人之所致。其次因中孚銀行復業，沒有人歡喜的，何況未踐各

方諾言，倘不復業，事態更要擴大。仲敦曰真正是一針見血。余又曰辦理銀行是金錢為對象，我們辦政治是以人為對象，又中孚銀行局面太小，如同一個小船，不能載我政治的重量，所以我只能採過去復行不變質之諾言予以保守。我曾說過幫忙銀行復業，完全出諸正義，一俟行務平穩，仍請章甫先生復任董事長。孫曰萬萬不能，如此我們可將船弄大。余曰這不是容易事。余又曰中孚復業，有關財政、司法及其他種種方面，都是用我政治老面孔予以了結，今次市府事只有先由芋龕前往代為疏解。彼等乘下午三時車回滬。總之孫府大多都是好人，但與社會、與政治都是隔閡太深，尤其是看錢太重，看人太輕，同時內部不和亦一失敗大原因也。很多人向余說，孫家是過橋不要橋。申叔病將兩旬，據龐醫云確是附傷寒，雖然熱度不高而難退。余不克親自回蘇照料，特由麗安昨日前往。伊今日午後回京，據云申叔病勢甚好，根據龐醫治傷寒之經驗，申叔傷寒須經過三星期（本星期三、八號）方可退熱，現在決無危險云云。

1月7日　星期二

文叔來電話，申叔熱度已退至卅七度一，龐醫認病之清，說話準確，真堪佩復。惟愈後調養極為重要，倘調養相宜，則身體當較病前更為強健也。

1月8日　星期三

昨夜落雪，屋瓦皆白，此乃南京今冬首次之雪。今

日天陰，有微風。

1月9日　星期四

於憑遠（達）兄午後七時來晤。伊曾任新疆省政府委員兼保安司令部參謀長，幫助我的地方很多，感情亦是很好。現任國防部第一廳廳長，專管將官階級人事。

1月10日　星期五

整天陰雨。監察院福建台灣監察區監察使楊亮功來晤，據云該兩省政治安定，人民可以安居，而經濟一層，台灣很多希望，這是當前比較最難得之兩省。

1月11日　星期六

午十二時半，張文白約午餐，余準時前往。在坐為史尚寬、張忠道、方希孔、高一涵、劉波鳴諸同鄉，席間談安徽事，未能結果。席散後，余與文白二人談話，文白表示為責任起見，仍須回新疆。余告文白曰，邊人無信，反覆無常，必須戒備，以防萬一之暗算。文白深感余言。孫仲犖、余芋龕今午後由滬來京，據云有關孫府控訴案，經芋龕向市府及警局說明後已無問題。仲敦夜車回滬。

1月12日　星期日

連日天陰不寒，將醞釀大寒或大雪。李鐵軍夫婦來晤。李現任河西警備總司令，前在新疆擔任國軍總司令，余對其幫忙之處甚多，他對余十分尊重，彼此感情

極佳。他現在來京醫病，即將回甘。偕芋龕回看李崇年，暢論經濟建設。他對阜豐麵廠過去幫忙之處太多，而阜豐對其未有報得，殊有未當。伊甚願助余發展經濟事業，計談二小時之久。

1月13日　星期一

端木鑄秋、徐道鄰來晤。端木對于孫府未了有關司法案件，彼云對法院可盡律師責任，但孫府不滿人意，事件未能澈底明瞭，隨時有意外發生事件之可能，如此種事，律師無法負其責也。徐現在無事，擬任外交事宜，尤其想任土耳其大使。余曰駐藏辦事處長沈宗濂君決定辭職，不過處長地位太底。端木曰駐藏處長有一半外交性，但徐想做外交官。

1月14日　星期二

午十二時在蜀中飯店招待李鐵軍、於憑遠、巫建章、徐汝誠諸君午餐。他們四位都是余主政新疆負軍事之責者，對政治很多協助，此次之招待略示感謝之意，並約徐宗岳及小魯、彥龍、兆麟等作陪。申叔熱度自上星期二（七日）下退，但今日下午四時得蘇州電話，熱度尚在卅七度八。惟病已四星期之久，身體業已衰弱，究不知病在何處，若常此下去，殊為可慮。

1月15日　星期三　天晴

昨日因申叔病，及當前一般政治、經濟之危機，與夫個人生活之前途，十分煩悶，因此睡眠不佳。于深夜

三時夢「天官賜福」四字，繼夢戲劇中跳加官，所謂天官賜福即跳加官之吉語也。此夢令人發笑，百思不得其解，姑記之，以觀象徵之吉凶。余已多年不看戲，已忘記跳加官，而對于天官賜福四字，素來無絲毫印象。安徽軍官轉業警政第一期畢業方師岳、楊秀典、張福民、胡學武、許龍光、蔡亞光、孫楷、李松岩、尹景伊、彭綸襄、蔡伯超等午後來辭行，派往安徽工作，余特加以勉勵。他們任過團、營長。

1 月 16 日　星期四　天陰雨

襄叔由合肥經蚌埠，于上午到南京。據云家鄉經數年戰事，人民確已至無以為生之最嚴階段，又云哲初弟已于陰曆十二月十三日去世，臨終最後說「人生沒有意思，何必到世上空來打結。」此二語深達佛理，已明白生死，死而心安，誠善果也。余老矣，對哲弟去非常有感，吾弟兄輩尚生存者，寥若星辰，當致信和羣姪等弔唁，並送奠儀貳拾萬元，聊表心意耳。得蘇州電話，申叔昨日通大便，吃退熱藥，今日上午八時，熱度卅六度四。十二時，卅七四。午後五時，卅七度三。似此情形大好轉，但過去熱度很長時間都在卅七度以外，上下不過五分之差，近一、二日來，熱度上下都在一度之差，因此熱度尚有回長可能。身體病久虛弱是最大原因。

1 月 17 日　星期五

與彥龍談時局，認為對內對外不得不推行民主，亦只有此路可走，新憲法通過之國民大會，極關重要，主

張余應競選新國大代表。當即函天植來京一談。

1月18日　星期六

蘇州電話打不通，不知申叔病如何，念念。

1月19日　星期日

文叔來函，以十八日（昨日）上午申叔病情最好。
七時半熱度卅六‧六。十時半卅六‧五。正午十二時卅
六‧九。似此日有進步，其痊愈乃指顧間耳。

1月20日　星期一

偕襄叔乘上午八時車回蘇州，一見申叔精神極佳，
十分欣慰。伊熱度今晨七時半已至卅六‧一。下午卅
六‧八。如再妥為調養，不難恢復原狀。不過惟仁夫人
經一個月照料，十分辛苦，我非常感愧。

1月21日　星期二　除夕

原擬偕馴叔一同回蘇，因臨時伊發寒熱，未克同
行。本日與老友梅佛庵、王靖侯諸兄見面，他們老來境
況都不甚佳，靖侯景況尤慘，只得勉盡心力，酌予接
濟。過去兩年（甲申、乙酉）度除夕在新疆，因伊犁事
變，心很不安，尤多憂慮。今年除夕能與惟仁夫人同在
一處，尤以申叔病愈，又是勝利後第一次回蘇過年，又
有四個多月侄孫女振耀參加家中團拜，非常慰快。但民
不聊生為可憂耳。

1 月 22 日　星期三　丁亥正月元旦

蘇州仍是熱鬧拜年，余亦不能免俗隨緣拜也。連日陰雨，道路濘泥，不易行走。昨夜今朝都是砲燭連天。

1 月 23 日　星期四

中孚銀行副總經理包培之、滬行經理孫仲犖、總行總務處長孫仲敦偕李芋龕來蘇拜年，暢談終日，均認為時局不安，經濟危急，本年銀行業務不易推進。余囑彼等催總經理孫錫三早日回滬計劃一切。彼等晚九時車回滬。我對中孚孫府同人是正義與感情，他們不明此理為可惜耳。

1 月 24 日　星期五

錢大鈞（慕尹）兄偕兩位夫人來拜年，余送錢千手千眼觀音佛相一尊。蔣老太太請余午飯，有錢慕尹兄等在坐。

1 月 25 日　星期六

前後勤部副部長盧競羣（佐）來拜年。盧江西人，住東小橋北張家巷三號。錢慕尹約余晚餐，有青年軍二零二師師長羅澤闓、城防曹指揮、吳縣沈縣長乘龍（忱農）、國防部第一廳副長劉雲漢及盧競羣等在坐。劉雲漢江西人，曾任新疆供應局局長，與余相處甚好，擬明日在蘇州舉行接婚典禮，因避免在京滬煩擾之故也，這是很對的。陰曆年前後數日都是陰雨，今晨奇寒，迄午飄雪，晚間鵝毛更飛。

1月26日　星期日

今日舊日財神日，社會並未脫俗，昨夜今朝炮燭不斷，接此財神，真是愚蠢之至。清晨訪盧競羣兄，商量擬明日借伊宅共同招待劉雲漢新夫婦。沈縣長、羅師長、劉副廳長及國防部第四廳楊廳長業孔、第四廳副廳長洪懋祥（子熙）等來訪余，略談即去。他們都是青年軍官，都已至將官階級，希望他們將來多負國家責任。余自民國十年到蘇州住家，素來避免本地官廳來往，但自昨晚錢宅赴宴，與本地負責軍政當局見面，大開往來之門。然今非昔比，余亦很願與彼等往來也。天氣更冷，雪仍紛飛。文叔乘七時十五分車赴滬拜年，並與中孚銀行接洽一切事宜。

1月27日　星期一

午十二時在盧宅招待劉雲漢新夫婦午餐及劉父清湘（野南），並約羅師長等作陪。晚七時，羅師長招待余晚餐。錢慕尹午後來暢談伊在上海市長任內之經過，以接收上海及交代市長移交，非常麻煩。余曰以你政治前途，當時不必任上海市長，則今日或可任省主席矣。文叔由滬回蘇，帶來中孚股票。

1月28日　星期二

天晴，氣候極寒。

1月29日　星期三

老友凌毅然兄，自抗日軍興，避亂湘省，因不甘順

敵而殉難，其眷屬上年回蘇，仍住富郎中巷。余上午偕
文叔前往為凌嫂拜年，據云凌先生靈柩將運蘇州安葬七
子山。凌兄湖南平江人，與余少年同學，曾在西南任余
參謀長。

1 月 30 日　星期四

乘上午八時四十分車回南京，天氣轉暖，沿途集雪
已化。

1 月 31 日　星期五

上午十時與羅佶子、沈宗濂、周昆田、曾小魯商藏
事。據沈云，西藏出席國民大會代表聲稱彼等無權與中
央談判問題，希望國府將彼等帶來藏政府呈請蔣主席文
件逐條予以批示云云。經與佶子等商定，分可以允許、
不可允許，以及將來再談三種，分別答復該代表等。又
討論該代表等回藏交通、禮品、旅費等等，一切以從
優，使彼等滿意為原則。青年黨領袖曾慕韓君最近兩次
來余寓，均未克見面。本日午後特偕小魯回拜，暢談一
般時局，彼此所見一致相同。

2月1日　星期六

前新疆專員張愛松、喬根先後離新內返，本日來見。據云新疆前途未可樂觀。午後曾慕韓、楊叔明、劉東岩三位來談。據云希望政府改組，煥然一新社會耳目，而民社黨希望張君勱任院長，君勱現持觀望態度，最好伊弟公權回京說項，必有收獲，希望余將此意轉達蔣主席云云。果君勱任院長，則青年黨領袖曾慕韓亦可得一院長地位也。計談二時半之久，並招待茶點。立法委員黃應乾君新自美國歸來，暢論美國內外情形及對華政策。端木鑄秋由滬來，據云孫璧威案正在庭開審，設法予以不起訴。而孫錫三父親範園房屋，前已具請檢查處予以起封，早無問題，昨檢查處更進一步查封室內家具等等，殊出意外，故特來京向司法部說明經過。

2月2日　星期日

天晴，有風。

2月3日　星期一

孔慶宗來云，邊疆學校風氣太惡，學生不守校規，不能再辦下去，擬辭校長，詢余意見。答曰如真無法辦理，只得辭去。沈宗濂、熊耀文等來商答復藏代表回文，經修改，即呈國府核示。張文白兄來訪，據云新疆駐軍已斷糧五日，殊屬可慮，他心理上不想回新疆，想坐鎮蘭州，但繼任新主席人選不易，無已時只好再回新疆。張又云擬組織西北民生公司、西北文化委員會及天山學會三機關，以此經濟、文化、政治三種方法為應付

新疆之對策。余對天山二字尚須修改。張擬明日回巢縣
掃墓，余對文白曰：（1）應如何計劃在新疆漢人之生
存；（2）控制迪化至哈密後方交通，尤其強化迪化軍
事。計談一小時。招待張愛松、喬根兩專員午餐。

2月4日　星期二

　　午後七時徐可亭兄宴孔前行政院長庸之，約余及周
醒甫、陳靄士、邵力子等作陪。余與徐可亭兄研究中孚
增資事，最感困難，黨部陳先生擬加入中孚，而宋院長
不贊成黨人參加。徐認為現在經濟不景氣，銀行不易發
展，主張暫緩增資，暫取保守主義。余甚以此項主張
為宜。

2月5日　星期三

　　陸軍第十六軍副軍長宋子英君來見。宋合肥人，保
定軍官第九期畢業，與郭寄嶠、王東原同期，畢業後在
東北任砲兵連長，與郭及劉多荃同營。現王、郭、劉均
現任省主席，宋仍為副軍長，未免快快，余特加以勉
勵，特強調大器晚成。謝湛如來見，他現任四聯總處
（中、中、交、農四行）總務科長，熟習銀行情形，又
在農民銀行復務多年，已成銀行專家，將為吾皖銀行界
後起之秀。中孚銀行請余出面維持，最初是由謝發起。

2月6日　星期四

　　天陰，未下雨。

2 月 7 日　星期五

天植日前來京購學校課本，擬明日回合肥。據云本年照新憲法選舉國民大會代表，他們在地方有基礎，余可競選，但今後實施民主，人民代表最關重要，余當不願放棄此種機會，至成敗一層，則無關大雅也。襄叔本日由蘇州回京，據云申叔身體仍未復原，日前又有寒熱，夜眠出汗，皆大病後身體虛弱之故，應特別注意調養。國庫署楊棉仲署長午後七時約余晚餐，除在新疆舊同事盧郁文諸君外，其餘多是財部同人，大家都以當經濟為可憂。

2 月 8 日　星期六

本年三月十五日召開第六屆中央執行委員會第三次全體會議，由常會成立一提案委員會，分組檢討過去黨政設施，此提案委員會人選不以中央委員為限。本日午後三時半政治組召開第二次會議，余準時出席，議論紛紛，總之當前政治之腐敗，人所共知，其關鍵在經濟之急迫，苟此問題不能解決，則一切都談不道。

2 月 9 日　星期日

故友西康民政廳長冷杰生兄夫人黃稗荃女士今上午來訪，留午餐。杰生因擁護黨國，為人所害，殊深痛惜。黃女士長于文學，任四川大學教授、國史館編審、國民大會代表。擬晉謁蔣主席，即由余去函介紹。

2月10日　星期一

天陰雨，有風。

2月11日　星期二

天陰。

2月12日　星期三

昨日金價漲無止境，再創新紀錄，一度見九四五萬高價，美鈔交易更為混亂，曾叩二萬元。連日上海黃金與物價之瘋狂上漲，賡續蔓延，昨日漲勢，益形洶湧，波動之巨大，可謂空前，街頭巷尾，莫不談虎變色，人心恐惶不寧。平時所謂經濟崩潰，至此已到最高峰，再就軍事、政治現狀而論，亦到艱苦階段，恐發生其他新的變化，良可憂也。就外交而論，美國退出國共兩方調人，撤退海軍陸戰隊，並云非改組聯合政府不借款。我國際地位降低。

2月13日　星期四

今日係申叔陰曆生日，祝他身體自今日起日漸強健。駐在新疆馬拉斯河（綏來縣）前線之新編第二軍軍長葉成（力戈）由新來京，本晨來見。開頭即說新疆已完結，對于張主席很多不滿意的話，與伊犁簽立條件，我方已照實行，伊方不但不實行，更在條件以外要求新權利，張主席都能接受，現在米糧十分缺乏，將士不滿意。葉又述白建生對張主席之批評，「以個人政治生命為重，致國家民族存亡于不顧」。據我所聞，各方對

其批評甚多，我與張是好朋友，待其由巢返京，當盡忠言。

2 月 14 日　星期五

上午偕麗安到金陵醫院補牙。

2 月 15 日　星期六

午後與偌子晤談，他堅主余要管理邊事，仍負蒙藏委員會責任，其見解余難得同意，蓋余對此毫無興趣，早經決定不再任此職。最後偌子主張如以國府委員兼會如何，余曰可以考慮，恐不易辦到。襄叔與蒯世祉已訂婚，特託彥龍，促蒯早日舉行婚禮。

2 月 16 日　星期日

天氣嚴寒，上午晴、下午陰。

2 月 17 日　星期一

天氣嚴寒，零下六度。

2 月 18 日　星期二

兒女大，婚姻問題最令人煩神，尤以現在流行惡習太深，學校風氣不佳，青年男女不讀書，談愛情，因此犧牲比比皆是。馴叔係好人，又受家庭好人教育，應對學校惡環境，頗為不易，吾為擔憂。

2月19日　星期三

麗安今晨赴蘇。

2月20日　星期四

麗安晚車由蘇回京。據云申弟每日午後面紅有熱。

2月21日　星期五

旬日以來，為馴叔婚姻事，十分苦心，今日尤甚，因此余身體已感疲乏。

2月22日　星期六

西藏代表團今晚六時在勵志社招待余等聚餐，現在正是西藏曆正月初二日過年時間，故有此聚會。余致詞，並祝達賴喇嘛健康，不過蒙藏委員會到者甚少，殊欠圓滿。

2月23日　星期日

余對男女婚姻，女子選擇男子必要之條件：

一、品行端正，身家清白。

二、生活之把握。

三、男子年齡要大于女子十歲內外，否則中途易于反目，不能偕老。

四、學業之成就。

五、事業基礎之樹立。

以上各條不過舉舉大者，都很重要，都很合理，但前三條更為重要。

附記

　　取德不取貌，取德能長久，取貌暫時歡。

　　倘無上面各條，空談婚姻，是最愚蠢的。如有人能合上項條件者，與馴叔談婚姻，只要馴叔贊成，余決對同意。余既無封建思想，更無拜金主義，更無防害自由道理，唯一顧慮者，恐馴叔吃虧耳，亦是做父母應當負責也。

2 月 24 日　星期一

　　今日天氣晴暖，為入春以來第一之佳日。安徽教育廳長汪少倫兄晨來見。據云安徽人心較為安靜，大家都在注意將來國民大會、監察委員、立法委員三種選舉。

2 月 25 日　星期二

　　上午十時與曾慕韓先生見面，他說：

（1）青年黨在道義與利害，必須擁護蔣主席。

（2）青年、民社兩黨參加立法、監察、參政會、憲政會四機構，不足號召，必須政府全面改組。

（3）三黨既已制成憲法，在本年行憲期間，不必再與共黨妥洽，託將此意轉達蔣主席。

2 月 26 日　星期三

　　招待馴叔女同學段運蘭、徐國棣，男同學周承超、周承錚午飯，託彼等照應馴叔，因馴叔人太篤實，易受人欺。二周一係彥龍侄、一係彥龍子。約彥龍參加。飯後余特別說男女婚姻應注意處，並說我對馴叔應有之責

任，他的婚姻必須我同意。安徽皖南師管區陳瑞河君來
見，談及皖南地方不安靜。他本在進行國大選舉，聞我
亦擬競選，他表示推重，我很感激。

2月27日　星期四

約張文白兄便晚飯，伊六時前來，八時散去。談及
新疆問題，無良好對策，張即擬辭去新疆主席，以現在
新疆局勢，無人可以接替，無已只好自行回任。總之新
疆局勢凶多吉少。

2月28日　星期五

午十二時招待程瑞河便飯，暢論地方不靜，民不能
安。伊現任皖南師管區司令，深感徵兵不易。程黃埔
軍官學校第二期畢業，曾任軍長等職，吾合肥後起之
秀也。

記晉謁蔣主席

蔣主席本約余今午十二時半午飯，嗣因事改約午後
四時談話，余準時前往。大意如下：
一、將青年黨託事詳細轉達，主席聽之態度極為動容。
二、報告與西藏代表接洽極為圓滿，彼等即將返藏，彼
　　等稟辭時，請加以顏色。
三、西藏在抗戰八年中三大寺祈禱勝利，嗣又派代表來
　　京慶祝勝利，及出席國民大會，我中央應派大員前
　　往西藏佈施，或者請章嘉大師前往。
　　主席曰很好。

四、沈宗濂既不回藏，駐藏辦事處長請主席另行派人。

　答曰沒有人，你們去找人。

五、沈宗濂對于經濟很有研究，他想在國府任秘書，專

　辦理經濟事宜。

　主席曰他經濟學是很好的。

六、羅佶子先生年老，不能再任蒙藏委員會事宜，請另

　任委員長。

　主席曰何人最好？

　余未答。

　主席曰你幹。

　余表示不能幹。

　主席連說還是你幹。

　余曰以主席對我信任，我任新疆主席時，主席曾云

　人家相信你、不怕你，現邊疆確是相信我、不怕

　我，不過蒙藏委員會地位不夠我應付，最好以國府

　委員或行政院副院長兼蒙藏會。

　主席曰副院長不易辦，我再研究。

　余曰因與主席關係太深，故坦白說話，否則太無

　禮貌。

　主席曰我們二人可以隨便說。

七、趙副委員長身體不健，請另派事，可以周昆田繼任

　蒙藏委員會副委員長。周到過西藏、印度及西北地

　方，熟習邊情。

　主席曰他現做何事？

　答蒙藏委員會委員。

　他多大年齡？

答四十多歲。

他何處人？

答安徽人。

余又曰他高級班畢業，我曾向主席說過的。

主席曰見過他的。

八、最後余對軍事建議。余曰機械化固屬重要，但以中
國道路與修理廠，以及汽油等等補充都不完備，很
難發展機械效能。滿清淮軍剿匪得力于騎兵，假使
我們此次在山東如騎兵兩師，土匪不易退走，因此
須注意練騎兵。

3 月 1 日　星期六

昨日錢慕尹兄來談，有關當前軍事甚詳，認為軍心不甚堅固，尤以人事未能妥善。宋院長子文因黃金風潮，經濟危急，辭職照准。蔣主席暫兼行政院長，張公權中央銀行總裁，同時發表青年、民社兩黨參加立法、監察、參政會、憲政實施促進會四機構。如此可以差強人意，但必須國府、行政院全面改組，方可一新耳目，但經濟無辦法，終歸失敗。

3 月 2 日　星期日

午十二時與蒙藏委員會正副委員長在龍門飯店公請西藏代表，因該代表等出席國大任務完畢，即將回藏，特為餞行。

3 月 3 日　星期一

馴叔因學校風氣不好，自上月廿一日回家住宿，實行走讀。現因考試在即，為便當起見，今日再在學校住讀。補牙齒。

3 月 4 日　星期二

中孚銀行曾購端木鑄秋舊汽車一輛，以備予在京之用途，余因無此需要，故未取用。今因三月十五日召開三中全會，需用汽車，故今日將此車取來備用。今日午後訪張文白兄，告以新疆軍事第一，風聞軍人有不滿意者，要特別注意軍心。張云想將省主席交與別人，余曰最好交現任總司令宋希濂氏，張曰實行作戰，可交宋

氏。張又屬意麥斯武德繼任主席，余曰如決心用麥，尚
須幫助他聯絡各方。不過麥是伊黎特蘭旗，係畏吾兒別
支，不能代表南疆畏吾兒。尤其是麥在宗教上無地位，
而伊方又反對麥氏，如用此人，不能發生多大作用，反
使為難。

3月5日　星期三

謝湛如來談，擬合資開辦余之當塗碾米廠。余十分
贊成，並主張小規模有限碾米公司，余將房廠機器作為
投資之一部分，較為妥當。

3月6日　星期四

西藏出席國民大會代表即將回藏，本日向蔣主席辭
行。主席于中午十二時半招待彼等午餐，約余及佶子先
生等作陪。首由余說明十位代表中，土丹桑布、土丹策
丹、絳巴阿汪三位代表，留京任西藏駐京辦事處代表
任務，又二位係舊駐京代表任滿回藏。主席分別與彼等
說話後，遂即入席。該代表表示來京數月，諸蒙政府優
予招待，深為感激。主席申明，中央對藏經濟、文化、
政治一定準許自由，惟外交必須由中央負責，否則必受
外人侵略。該代表等表示當向藏政府報告。主席末云將
派大員前往西藏佈施。今日之宴會，十分圓滿，盡歡而
散。席散後，余又報告青年黨事宜。

3月7日　星期五

午後偕小魯、麗安到陵園來音小築訪故友冷杰生兄

夫人黃檉荃女士,並順便到明孝陵看梅花,但樹多枯老,花少,遠不如戰前之盛。盧郁文來云,張文白擬請其擔任西北行營經濟建設委員會主任委員,伊仍想在中央服務,請余向蔣主席進言。

3月8日 星期六

張文白兄本不願再任新疆主席,很久覓不著替人,祇得回任。今晨飛新,余先至張宅晤談,再致機場送行。西藏代表即將離京,上午來辭行。余特于午後親往送行,並送達賴乾隆古瓶一個、川被面等件。

3月9日 星期日

乘上午八時車回蘇州,午後二時抵家。正值園中紅梅開放,白梅亦將繼續開放。此為余別來九年勝利後,第一次觀自園之梅花,現在園中有各種梅花約卅株,頗集一時之盛。今日天氣晴朗,余身心都安。

3月10日 星期一

今日係陰曆二月十八日,余六十四歲生日,鳴夏、佛菴、影毫等中午均在余家吃麵。貝松蓀兄前任中央銀行總裁,為買賣黃金事,影響市面,因而辭職,現為監院彈劾,特請伍克家兄來蘇,託余疏解。伍于午後二時到蘇,留晚餐,並約上海銀行蘇州支行貝、張、朱諸君作陪,伍于九時車回滬。至央行買賣黃金,是政府授權辦理,雖無犯法之處,但手續或有未周,就一般政治推之,此案當不致擴大。

3月11日　星期二

天晴而冷，午後與沈京士談中孚銀行事。

3月12日　星期三

乘上午八時車回京。此次台灣人民暴動，反對台省
當局壓迫，事態甚大，死傷數千人，對內、對外大失國
家威信，台省當局不能不負責任，政府擬將台灣行政長
官公署改為省政府，擬任命朱紹良（逸民）為省主席。
朱晚間八時來談，擬約曾小魯為省府秘書長，余極贊
成，若無其他變化，日內當可正式發表。此次蘇、英、
美、法四國在莫斯科舉四外長會議，蘇聯外長莫洛托夫
建議，中國問題列入莫斯科四國外長會議之議程中。中
國政府申明中國內政不容干涉，決不許在該會討論之
列，外長會亦否決該提案，會外不作任何協議。這是蘇
聯侮辱中國，亦是自己不爭氣、不振作之結果，國人要
猛醒，勿再醉生夢死，專謀私利，遺誤國家。

3月13日　星期四

三中全會本月十五日開會，余于昨日午後向中央黨
部報到。訪曾慕韓兄，他主張迅速全面改組。晚六時李
宗黃兄約晚餐，有張岳軍、王陵基、胡瑛等在坐。

3月14日　星期五

新任中央銀行總裁張公權兄來訪，他是民社黨領
袖，張君勱胞弟。據云政府改組，君勱不參加民社黨，
可參加國府委員會，不參加行政院云云。就余所知，民

主社會黨內部複雜，係由研究係、保皇黨，以及官僚、軍伐，甚而有左翼份子集合而成，不聽君勱指揮。對于政府改組有主張參加，有不張參加，議論紛紛。

3 月 15 日　星期六

三全中會今晨九時在總理陵園靈堂開幕，余準時前往出席。蔣主席親臨主持，並致詞。其大意，結束國民黨訓政，促進行憲，準備自居普通政黨，國家統一，政治民主，盡其在我，必能完成。中共全面判變，政府不能坐視，五十餘年革命過程，證明困難必可克服等語。十時開幕典禮完畢後，全體回到國民大會堂，十時四十分鐘舉行預備會議，由蔣主席主席，選舉主席團，用無記名投票選舉。決定自十五日至二十五日開會七日，中間有休息日，通過議事日程等等，遂即散會。前中央銀行總裁貝祖遺（松蓀）因黃金案被彈劾，昨日來京訪余。余特于今日午後訪貝，告貝曰，你辦中央銀行，其任務是發行貨幣，領導一般商業銀行。至買賣黃金，不是你的專責，是為財政經濟之幫忙，這是財政經濟當局之責任，你不但無罪，應該有功。貝曰我明白了，這幾句話是大大幫我忙了，十分感激。監察院已將彈劾貝案送到國民政府懲戒委員會。請余幫忙，余當主持公道。

3 月 16 日　星期日

午十二時在康樂園招待曾慕韓、楊叔明、劉東岩便飯，以曾小魯、周昆田作陪。因慕韓前向余表示，楊、劉與他關係最深，余亦表示小魯、昆田與余關係最深，

並曾約定我們六人聚餐，故有今日約會。余表示曰，
你們三人是最好感情、最好朋友，我們三人亦是如此，
今後我們六個人，是最好感情、最好朋友。他們深表同
情，十分歡喜，結果圓滿。同時，陳立夫兄約余午餐，
因自作主人，散後再往陳處。到時正值宴後在客廳，陳
與白建生、方希孔、陳方先、劉真如等談皖事。方、
陳、劉對皖主席李品仙各有表示與批評，最後由余作一
結論，請建生轉達李氏採方、陳、劉諸君之意見。總之
安徽人自己不爭氣、不團結，是皖政失敗最大之原因。

3月17日　星期一

上午九時到國民大會堂參加紀念週，蔣主席領導行
禮，並致詞。禮成後休息十分鐘，出席全會第二次大
會，聽陳誠參謀總長報告軍事，大意積極完成整軍方
案，建軍注重質量提高。午十二時，曾慕韓在龍門酒家
招待余午餐，仍以昨日午餐楊、劉、曾、周四君參加。

3月18日　星期二

上午九時出席第三次大會，舉行外交檢討，質詢案
甚多，其內容均集中于中蘇關係。一般委員均認為外交
政策太軟弱，應加強對對蘇外交關係，對外交當局頗多
指責。午後三時，到中央黨部出席政治組審查會。午
十二時，史尚寬、張忠道八位同鄉在考試院招待胡適之
博士午餐，約余作陪，準時前往。余于民國十九年在上
海曾與胡見過一次，胡現任北京大學校長。

3 月 19 日　星期三

上午九時出席第四次大會，檢討軍事，質詢集中三點：振奮士氣、提高兵員待遇、加強兵役。

3 月 20 日　星期四

上午九時出席第五次大會，聽吳秘書長鐵成報告黨務，指出五大缺點：

一、黨的教育不夠成功。

二、在訓政時期，黨領導政府不夠。

三、黨與社會工作聯繫不夠。

四、黨的宣傳不夠堅強。

五、黨的制度缺點很多。

又指出三大成功為：

一、北伐成功，推翻滿清。

二、抗戰成功，打倒日本帝國主義。

三、廢除不平等條約。

共軍延安唯一根據地（已十三年），十九日上午為國軍收復，國內外之觀感為之一變，尤其是正值莫斯科三外長會議，與國民黨召開全會之際，影響更大。曾慕韓兄來訪，告以本日（二十）午後四時應蔣主席約，談話五十分鐘，彼此異常滿意，這是余一年來從中聯繫之結果。據云所談係關于日間改組政府，及民社黨之事件，尤以關于感情話甚多，亦是與蔣主席第一次最誠懇之談話，曾非常高興。

3月21日　星期五

上午九時出席第六次大會，繼續黨務檢討，十一時開始經濟檢討。下午三時出席第七次大會，首由蔣總裁就黨務、政治、經濟、外交、財政、軍事作概括報告，至四時四十分進行討論事。如展期一年，召開代表大會及中央改選常務委員案，尤其關于常務委員案，爭論不成樣孜，令人可笑可嘆。時至今日，各人尚不覺悟已非一黨專政，即將還政于民，尚要黨內爭權利，何幼稚若是耶。

3月22日　星期六

上午九時出席第八次大會。晚七時半，蔣主席在勵志社招待全體執監委員晚餐，余準時前往參加。

3月23日　星期日

上午九時出席第九次大會，通過海南島改省案、通過漢口改直轄市案、憲實施準備等案。

3月24日　星期一

今晨九時參加總理週，蔣總裁親自主持，並訓話。大意今後九個月為國民黨最嚴重之關鍵，歷史上許多成功都是最艱苦的時候，必須精誠團結，且勿使功敗垂成等語。禮成後休息十分鐘，出席第十次國大會，通過國民政府增設副主席等案。午後三時繼續開會，余準時出席，改選中央常務委員十二人及通過例案甚多。于晚八時，舉行三中全會閉幕。蔣總裁主持，發表宣言，大意

如下：奠立憲政規模，與各政黨開誠合作，深入民間，
喚起民眾，救國家救人民，迅速遏止共黨叛亂，促其放
棄迷夢；實行民生主義，政府一切經濟政策必須以人民
為對象；外交政策一貫維護領土，主權完整，確保國際
地位平等；培養建國元氣，政府必須重視教育，充實其
設施與內容等等。

3 月 25 日　星期二

中孚行總經理孫錫三兄，年前回平津視察行務，並
料理家務，日前回滬，昨來京。談中孚業務，主張辦理
貿易，先從小規模做起，擬將原有中孚附屬中福公司從
新組織，加強業務，一面計劃擴大通惠公司資本二百萬
萬，或四百萬萬，作為投資。現在孫家銀行、公司多有
由該公司投資者，又擬增設銀行研究處，請孫供芬先生
負責，又擬請李崇年為中孚協理等等，余都表同意。俟
余到滬後召集董事會，即可發表。

3 月 26 日　星期三

孔慶宗兄擬回四川長壽原籍競選國大代表，余即贊
同。孫錫三兄今晨回滬，擬日內再來。

3 月 27 日　星期四

端木鑄秋來談現在政治、經濟均很少辦法。文叔
今晨回蘇州。李德鄰兄約晚餐，有張岳軍、吳鐵臣諸
君在坐。

3月28日　星期五

王懋功、馮劍飛先後來晤。王現任江蘇主席，馮前任貴州省保安處長（係余任貴州主席時）。晚間與陸心亙、端木傑研究經濟，均主張辦理農產品加工。章之汶兄來晤，伊任金陵大學農學院院長，新由歐美考察歸來，暢談世界農業之進步，尤其贊揚英國退伍軍人合作農場組織之完備。

3月29日　星期六

今日是黃花岡七十二烈士殉國紀念日，實為中華民國建立永久不滅之基礎。為紀念先烈，所以在四年前特定今天為中國青年節，希望青年鼓舞奮發，紀念革命先烈奮鬥光榮史蹟。余趁此風和日暖春光，特于上午偕麗安及庸、光兩兒遊覽後湖五洲公園。此乃勝利後第一次春日遊園，時值百花開放，快慰萬分，而櫻花開放尤盛。此種櫻花在戰前不多，其中大多是敵偽時期所種植，蓋日人以櫻花為國花也。

3月30日　星期日

風和日暖。

3月31日　星期一

上午九時接見前西藏執政熱振呼圖克圖秘密代表鄧珠朗傑，由西康省參議員格桑悅喜陪來，尚有代表圖島朗嘉，因事稍緩再來見。彼等此來對藏事有所陳述，熱振以藏事日非，擬再出山，請中央予以援助。該代表等

去年秋到川，蔣主席當時在盧山，特約余至盧山會商，經決定俟西藏出席國民大會代表返藏後，彼等再來京晉謁元首等情。余告彼等，余與熱振私交甚厚，為國家、為西藏都應採慎重態度，彼等深以為然。當商定，俟彼等謁見蔣主席後，再行討論一切。查鄧珠與余本是熟人。孫錫三兄昨日來京，今晨來見。關于中孚業務已具體計劃，余擬不日赴滬召開董事會，發表一切計劃。

4月1日　星期二

　　介紹端木傑、陸心亘與孫錫三見面，暢談經濟事宜，均以為如交通有把握，在當前辦理農產品加工極為有利。而端木與心亘都是熟習交通，端木精明強幹，心亘忠厚篤實，以彼二人與中孚合作，極為相宜。晚間訪李德鄰兄，談關于王季文兄善後，彼此說明季文雖故，一切責任，我二人應全權負之。襄叔、馴叔午後由蘇回京。

4月2日　星期三

　　關于黃蘆鎮湖田築圩事，影毫與鳴夏意見未同，特請叔仁即日回蘇調解。陳範有兄來訪，孫錫三今晨回滬。

4月3日　星期四

　　乘上午八時車赴上海，麗安同行。文叔、申叔由蘇州上車一同赴滬，至下午五時半到滬。因昨日夜車在途中出軌修理，故今日此班火車遲到二小時半。此次到滬，由中孚銀行準備大西路四百廿五號房屋為余下榻之所，房屋甚為寬大，月租每月美金六百元，再加之用人種種開支，不免太巨。余住之居心不安。

4月4日　星期五

　　陳光甫兄約午餐，暢談當前政治、經濟。陳將出任國府委員，詢余意見，答曰你從前要任貿易部長，我堅決反對，今次任府委我是贊成的，蓋貿易部要負實計責

任，府委是負計劃責任。又與光甫談將來，我擬組織較
大規模類似企業公司，以中孚銀行、阜豐麵粉公司、仁
力公司等等為子公司，投資新組織之大公司為母公司，
另招新股，發展新的事業。光甫十分贊成，並云這是化
家為社會，換一句話說，過去孫家是黨治，現在改為
民主。

4月5日　星期六

上午訪上海銀行總經理伍克家兄，再論擬組織企業
公司，他亦贊成，並云光甫先生已將昨日所談告彼矣。
他主張將舊有事業先行整理，慢慢再辦其他。又介紹錫
三與伍切實聯繫。午後訪朱一民兄，他台灣之行，尚未
決定。據云台灣表面似平穩，內容事未了。

4月6日　星期日

上午八時半，顧季高兄弟來訪。季高新由美國歸
來，對于當前中國經濟，想不出好的辦法，尤以金融界
困難甚多，無法補救。午後偕麗安、文叔、申叔等遊覽
滬西中山公園（舊名兆豐公園），適值清明節後一日，
春暖花香，遊人如鯽。

4月7日　星期一

阜豐公司負責人孫伯羣兄父親陟甫先生，昨午後病
故，享年七十三。余特于今日九時偕李運啟兄到華山路
（即舊海格路）範園632號孫宅弔祭。陟甫先生係中孚
銀行監察。

4 月 8 日　星期二

申叔生來多病，身體素弱，近年發育太快，其身長已與余相等。又加本年傷寒病後，身體更加衰弱，深恐肺部有病，特于今日用 X 光透視。據云左肺上邊似有病態，亟要注意，予以休息，以免蔓延。申叔非常著急，余多方安慰。

4 月 9 日　星期三

麗安午車返京。午後二時主持中孚銀行董事會，據報自昨年冬復業後，採穩當主義，數月來除開支外，尚二億數千元，現在平、津、滬三行存款，通常在一百五十億，此皆中孚平日有信用之結果。又討論要案數件：

一、增加副總經理一員，擬以李崇年君擔任。

二、成立貿易公司，中孚投資大部分。

三、辦理保險事業。

四、決定股東會延至下年召集，因現在無事報告股東。

五、成立研究處，擬以孫洪芬君擔任。

此次會議出席董、監事甚多，而會議又有內容，十分圓滿。

4 月 10 日　星期四

回拜劉荃莊諸君。上午九時，到上海銀行晤伍克家兄，談金融最近情形，他說一、二月內物價不致大漲。晚七時，傅伏波、奚東曙（中國實業行董事長總經理）、伍克家（上海銀行總經理）、徐國懋（金城銀行

經理）公請余晚餐。因余初入金融界，特約滬上金融界
巨子，如孔庸之、李復生、徐寄癡等廿十餘人作陪，多
係余昔年在滬之舊識，多係相別十多年，一朝相見，甚
為歡慰。

4月11日　星期五

孫陔甫先生四月七日壽終，今日家祭，午後移靈至
靜安寺公墓火化。余與李運啟兄于午後二時至孫宅致
祭，並送靈到靜安公墓。

4月12日　星期六

午後二時出席阜豐麵粉公司董監事會，討論本公司
資產升值、增資數目等案，孫章甫先生亦由北平趕到
出席。

4月13日　星期日

中午十二時半招待孔院長庸之午餐，以孫章甫、宋
漢章、周貽春、卜伯眉、傅沐波、徐國懋、奚東曙等作
陪，席間賓主均歡而散。孔庸之兄是中國銀行董事長，
今午後四時至七時招待銀行同人遊園茶會，余乃中國
銀行董事，被邀參加。時值孔園桃花茂放，天氣清和，
人人愉快，頗集一時之盛。晚七時，孔先生招待余晚
餐，餐後孔大談任院長時外交勝利，借款成功，挽回財
政信用之種種收獲，反言之，現在一切不如從前。至九
時半始散。孫璧威被人告發抗戰資敵案，昨經法院宣告
無罪，孫章甫今晨帶璧威夫婦來見，表示感謝之意。璧

威很聰敏，熟習商情，很明瞭當前經濟狀況，如用之得當，亦人才之一也。余與璧威係初次見面，對其加以勉勵，加以安慰。

4 月 14 日　星期一

天氣清和，未出門，在家休息。晚間孫章甫偕其仲敦兒媳來訪，並留晚餐。

4 月 15 日　星期二

上午到行辦公，晚間上海市吳市長國楨夫婦來訪，暢論上海經濟諸多危險。

4 月 16 日　星期三

上午到行辦公，晚間孫章甫、李運啟來談，留晚餐。

4 月 17 日　星期四

上海宣警備司令鐵吾來晤，據云上海治安現尚平靜，惟經濟問題值得顧慮。

4 月 18 日　星期五

國府宣佈改組，選孫科為國府副主席，余及張繼等為國府委員，尤其余任府委，深感蔣主席之厚意。此一舉措，雖然結束訓政，亦是中華民國劃時代一件大事，茲將國府公佈各委員名單以及經過，與中宣部發表之文告之新文一則，于後。

新國府委會廿一日成立　孫科任國民政府副主席
國府今日改組
南京十八日晨一時半中央社電

　　中華民國國父孫中山先生，領導三民主義，建立中國國民黨，代表全國國民，行使政權，於今歷廿年，卒克完成歷史上偉大之革命任務，推翻滿清，完成北伐，廢除不平等條約，達成抗戰勝利，凡此豐功偉績，實賴國民黨蔣總裁領導全體同志，秉承總理遺教與全國國民共同犧牲奮鬥之成果。今三民主義已為全國人民所崇奉，而革命大業將由訓政轉入憲政，推行民主，蓋實行民主政治，為國民黨領導國民革命以來一貫之決心，是以在抗戰勝利一年之後，政府即宣告召開國民大會，廣邀黨外人士參加共同制定中華民國百年根本大法，並決定於本年訂有召開第二次國民大會，實行憲政，但在此過渡期間，政府為結束一黨訓政，延攬國民黨以外各黨派人士及社會賢達參加政府，經與各黨派人士不斷商談，頃已獲得各方贊同。今值國民政府奠都南京廿週年紀念之日，國府正式宣告改組，邀請中國青年、民社兩黨及社會賢達參加，並由三黨領袖簽訂國府施政方針，由參加政府之各黨派及社會賢達共同合作負責完成憲法實施之準備程序，奠立民主政治之基礎，此為我中華民國光榮歷史劃時代之一頁，政府此一重要措施，至足表示實施憲政推進民主之決心，我全國各黨派人士與全國國民，當必一致遵信與政府共同促進全國和平統一也。

南京十八日晨一時半中央社電

國民政府四月十八日令：

（一）選任張羣為國民政府行政院院長，此令。

（二）選任孫科為國民政府立法院院長，此令。

（三）選任居正為國民政府司法院院長，此令。

（四）選任戴傳賢為國民政府考試院院長，此令。

（五）選任于右任為國民政府監察院院長，此令。

（六）選任張繼，鄒魯，宋子文，翁文灝，王寵惠，章嘉，邵力子，王世杰，蔣夢麟，鈕永建，吳忠信，陳布雷，曾琦，陳啟天，余家菊，何魯之，伍憲子，胡海門，戢翼翹，莫德惠，陳輝德，王雲五，鮑爾漢為國民政府委員，此令。

南京十八日晨一時半中央社電

國民政府頃除於四月十八日國民政府奠都南京紀念日，發表五院院長及國民政府委員各選任令外，聞又分發聘函，加聘宋慶齡，胡毅生，劉哲，魏懷，陳其采，許崇智，陳樹人，陳策，張鈁，堯樂博士，迪魯瓦，蕭萱，李根源等十三人為國民政府顧問。

南京十七日本報專電

國民政府定十八日改組，新國府委會將於二十一日舉行成立儀式，屆時並舉行盛大會議，全體新任國府委員均將參加，由蔣主席親臨主席。

南京十七日本報專電

今晚七時，中宣部舉行臨時中外記者招待會，彭部長主席，即席宣佈國府副主席，國府委會委員，五院院長名單，孫科為國府副主席，張羣為行政院院長，孫科為立法院院長，居正為司法院院長，戴傳賢為考試院長，于右任為監察院院長。國民黨之府委為孫科，居正，于右任，戴傳賢，張羣，張繼，鄒魯，宋子文，翁文灝，王寵惠，章嘉，邵力子，王世杰，蔣夢麟，鈕永建，吳忠信，陳布雷。青年黨為曾琦，陳啟天，何魯之，余家菊。民社黨為伍憲子，胡海門，戢翼翹。社會賢達為莫德惠，陳輝德，王雲五，鮑爾漢。又民社黨尚有府委一人，即將補入，全部名單，將由國府正式發表。

南京十七日中央社電

中宣部長彭學沛稱：國府定十八日宣告改組，國府委員會下星期一可能召開首次會議，即宣告該會之正式成立。至各院副院長人選，可望很快提出。彭氏又稱：國防會俟國府委會成立後，即告結束，該會日內將舉行末次會議，討論各項結束問題。又中央政治委會亦可望於下週內成立，該會委員除今日中常會，已選出一部份外，中央執委員常委及監委會常委與本黨擔任國民政府委員會之委員及文官長，均為該會之當然委員，依照該會組織條例。該會主任委員係由總裁兼任。彭部長復答覆記者詢問稱：改組後之國民政府，為行憲以前過渡時期各黨派共同參加之政府，惟吾人實難用一適當名詞，蓋此一時期既非完全【剪報後缺】。

此次政府改組羅致其他政黨加入，足為中為政治走上民主化之第一步。在事實上，國府委員會取國防最高委員會之地位而代之，為中國最高政治之機關，但當前之經濟、政治以及軍事形勢已達最困難之境地，必須堅強奮鬥，尤要做若干挽回人心大事，是余所殷勤希望者也。上午陳光甫兄來暢談，他是以社會賢達當選為國府委員，以他修養，真可謂賢達矣。午後偕文叔回蘇州。

4月19日　星期六

上午到蔣家談馴叔婚姻事，蔣太太擬于今年暑假介紹馴叔與翁如新見面，作朋友。翁是蔣太太寄兒子，馴叔寄女兒，由蔣介紹最為適宜。如新身體強健，態度溫和，品貌端正，毫無嗜好，學業有成就，事業有基礎，果成為婚姻，余是十分贊成。午後偕文叔遊虎邱，于午後三時廿分車赴南京。

4月20日　星期日

今日在家休息，接見客人甚多。

4月21日　星期一

上午九時到中央黨部參加紀念週，由蔣總裁親自主持，並致詞。略謂今日為改制以後首次紀念週，普通機關已決定取消舉行紀念週，惟黨部仍須繼續舉行，國民黨擔任各部會之首長黨員，仍須參加該項紀念週。總裁繼謂，遵照總理遺囑，總理主張國民會議已經舉行，不平等條約已經取消，務望今後努力總理全部遺教之推

行，促進三民主義澈底之實現云云。接晤楊叔明、鄭震
宇、廣祿多人。

4月22日　星期二

偕小魯到中央醫院看曾慕韓先生病，係貧血症，身
體異常衰弱。對于余任國府委員，他十分高興，因彼此
在國府會議可以聯繫。陳光甫兄來京出席國府會議，特
于午後偕倍子往訪（住首都飯店）。

4月23日　星期三

上午十時出席新國府委員會首次會議，並通過行政
院改組。大部分部長都未改動，將水利委員會、地政
署、衛生署改部，青年黨之李璜、左舜生分任經濟部、
農林部長。尤其令我滿意者，蒙藏委員會改派許世英先
生擔任，因此羅先生可以擺脫，我亦可以不再重行擔
任，最合吾人之理想。茲將府委開會情形新聞黏後。

本報訊

由制憲之各黨派及社會賢達組成之國民政府委員
會，於昨（廿三）日上午十時在國民政府宣告成立。中
國國民黨遂得償結束一黨政治之素願，為中國之民主前
途，完成多黨政治。蔣主席在會議開始時，鄭重宣稱：
此次政府改組為劃時代之創舉。主席並就國府施政方
針，加以闡明。昨日出席者除主席外，有府委孫科、于
右任、張羣、張繼、鄒魯、宋子文、翁文灝、王寵惠、
章嘉、邵力子、王世杰、蔣夢麟、鈕永建、吳忠信、陳

布雷、曾琦、陳啟天、余家菊、胡海門、戢翼翹、莫德惠、陳輝德、王雲五等二十三人。戴傳賢、居正、鮑爾漢請假，何魯之、伍憲子未到京。列席者國府文官長吳鼎昌、政務局長陳方、文書局長許靜芝。主席致詞畢，吳文官長宣告第一次會開始，並朗讀列入議程之要案如下：一、報告國民政府施政方針案；二、修正國民政府委員會會議規程案；三、行政院院長提議行政院政務委員及各部會首長人選案。旋即依次討論，第一案決議：准予備案。第二案決議：國民政府委員會召開會議時，稱為國務會議。第三案通過。時已十一時半，即攝影散會。

本報訊

　　蔣主席於昨（廿三）日晚八時卅分，在黃埔路官邸宴請全體國府委員。

4月24日　星期四

　　余在當塗有田八百畝，九年租稻未收，為當地人侯振平收去。後經人說項，由張君樸經手，將侯碾米廠一所作價歸我，但我無力經營，乃將該廠暫租與糧食部作為倉庫之用，擬俟六月期滿收回開機碾米。本日特請前糧食部次長端木文俠，與現任中孚銀行協理李崇年（李前亦在糧部辦事）磋商決定，將該廠組織有限公司，請端木先生主持一切，余仍將該廠出租，即以租金作為投資。果成事實，真幫忙不小也。本日（廿四）午後，劉桂楠君與王德芳女士在中央飯店舉行結婚典禮，請余證

婚，典禮于下午五時舉行，余簡單致詞。劉係蒙藏委員
會訓練班同學，山東人，在西藏辦事有年，通藏語，現
任蒙藏委員會調查室主任，乃一邊疆優秀專門人才，前
途有望。

4月25日　星期五
展奠曹繼蘅兄墓記

　　四月廿五日天氣清和，于午前九時偕麗安及小魯乘
車出太平門，至棲霞山展奠曹繼蘅兄之墓。墓在棲霞寺
左側，距寺僅一里許，其地為敘園農場，地勢尚佳。繼
蘅髫年拔萃，早負才名，服官南、北兩京及皖、黔各省
三十餘年，政聲卓著，廉潔自持，尤以詩名著稱海內，
卒年五十六歲，未竟其才，士林悼惜。君為四川綿竹
人，以道遠時艱未得歸葬，其眷屬已遄返原藉之棉竹，
此後祭掃之事，已屬吾兒輩隨時前往料理。人情之感，
輒為泫然，歸後率記數語，以誌愴悼。

4月26日　星期六

　　午後偕馴叔到傅厚段宅，看段錫朋病。段（號書
詒）江西人，現任國民黨中央常務委員，段女運蘭與馴
叔曾在南開中學同學，現又在中大同學，彼此感情甚
好。段係患氣管炎症，日前甚嚴重，現尚未起床。又偕
馴叔遊後湖公園。

4月27日　星期日

　　於憑遠兄之夫人病故，今日在中國殯儀館開弔，余

于上午九時偕昆田前往展奠，並送奠儀伍十萬元。憑遠兄在新疆任保安司令部參謀長，幫余之處太多，感情尤佳。

4 月 28 日　星期一

上午九時至中央黨部參加紀念週後，出席中央政治委員會第一次會議，通過行政院各部政務次長名單，及台灣改省後省政府委員名單等案件。而台灣因此次事變，大失人心，所以此次省委本地人居多數。現在物價更猛漲，白米已至廿萬元一石，這是與新改組之政府最大威脅。過去黃金風潮乃是少數人之吃虧，白米之風潮乃是大多數人之問題，其他百物亦飛漲，洋燭去年今日百元一支，今則千元矣。

4 月 29 日　星期二

清晨到大石橋卅七號訪端木文俠兄，再談當塗米廠事，余亟望此事成功，解決一部分生活。蓋余一生服務黨國，只知公不知私，今則年老，子女幼稚，為他讀書種種，不能不有打算也。

4 月 30 日　星期三

老友柏烈武先生在滬病故，即電上海孫臨方兄代表前往弔唁。烈武先生前擔任安徽普濟墾殖公司總經理，徐月祥、劉波鳴分任副總經理，余任常監察。今晨徐月祥、梅嶙高兩君來晤，擬請余繼任總經理，當答曰余已年老，且辦有其他事業，不能負墾殖公司實際責任，對

于墾余是十分贊成，願意從旁幫忙的。徐曰只要請你老
先生負其名，其餘一切事件由副總經理劉波鳴兄負責。
余曰只要負其名，我可以同意，不過更換總經理，似須
開理監事會決定方可合法。徐曰日間召開理監會。

記普濟墾殖公司來源

　　安徽普濟圩（即陳瑤湖）位于揚子江北岸無為縣、
桐城縣一帶地區，面積約貳拾伍萬畝有奇，于清道光年
間因江堤潰決，內堤衝塌，致成一片荒墟。民國以還，
地方人士一再倡議修復圩堤，終以時局不靖，人力、物
力維艱，故迄未施工。茲值抗戰結束，民間窮困，有加
無已，為培養國家元氣，解除民間疾苦，特廣集資金，
從事搶修內堤，完成多年開墾志願。

5月1日　星期四

　　中午十二時半，在康樂園菜館招待合肥同鄉王秀春（中統局組長、市黨部委員）、魏壽永（中央組織部第五處副處長）、虞克裕（中央財務委員會專員）、朱國材（中央財務委員會主任秘書）、王從華（在樹華公司服務）。他們都是合肥青年，在中央服務有年，吾鄉後起之秀，並約昆田作陪。午後三時半訪新任行政院長張岳軍兄，張再三問余邊疆事，答以邊疆無事，問題在中央意見複雜，各謀私利，無公忠體國者，當前應以穩當為原則，又告以蔣主席對于邊事十分明白。余又替朱一民、趙芷青、羅佶子說話，告一民前已決定任台灣省主席，現改派魏道明，與一民面子不好看，要另設他法。張曰現有重慶行營主任的機會，當代為注意，不過逐鹿者多，頗為不易。芷青不願再任蒙藏委員會副委員長，想要國府顧問，佶子亦應予以名義，因你是院長，所以要請你幫忙，張慨然允諾。計談四十分之久，彼此甚歡。

5月2日　星期五

　　孫啟芳（璧威）清晨由滬來京，並送銀酒席杯一套。伊將由中孚行派往天津工作，特來辭行，留午餐，夜車回滬。新四川省主席鄧錫侯（晉康）有訪，順談西南國防，西藏為外圍，殊堪注意。午後皖南師管區司令陳瑞和來晤，據云皖南不安靜。

5月3日　星期六

晚七時半出席普濟墾植公司理監事會，一致推舉余為公司總經理。余因事冗，不克常住辦公，由劉副總經理負實際責任。

5月4日　星期日

偕麗安等至門西玉振街十五號，赴吳三先生家。又至夫子廟散步。

5月5日　星期一

上午九時出席中央紀念週，由吳稚輝先生報告革命政府成立紀念。李崇年已任中孚銀行副總經理，日前赴滬，昨日回來。今日偕芋龕來晤，暢論金融經濟，計四小時之久。

5月6日　星期二

現在即需雨水，今日天陰微雨，希望大降。大家都知道，當前經濟重要，經濟危急，想不出好的辦法，大有束手待斃之勢。新政府成立不久遇到此種困難，奈何。李璜先生說美國人才都集中于商界，美國的政治往往是工商界在幫忙，李又提倡民主，乃有業者的事。我以為李之所說是對的。

5月7日　星期三

上午九時出席國府委員會第二次國務會議。據外交報告尚有辦法。財政報告超出預算支出，收入不夠預算

之收入，每月收支不敷數字太巨，而支出無限度，財政
前途確是危急。軍事報告，軍人待遇過低，不能生活。
總而言之，一個窮字而已。

5月8日　星期四

　　乘上午八時車，午後三時到滬。車上遇見蒙藏委員
會察哈爾特派員馬鶴天，他將由上海乘船到天津返察哈
爾，彼此暢論邊事，意見相同。我本想推薦他去西藏辦
事，他因母老力辭。物價高漲、民不聊生，上海萬餘工
人要求無條件解凍生活支數，請願遊行。這幾天連續出
現搶米消息，從杭州、吳錫開端，接著蕪湖、宣城、合
肥、吳興、城都，乃至南京、上海。情形之嚴重，不言
可喻，負經濟之責者，必須以切實有效的辦法。而各處
罷工、罷課風潮紛紛而起。

5月9日　星期五

　　中午十二時約奚東曙等午飯，飯後與東曙、錫三、
鑄秋等討論中福企業公司董監事名單及公司將來業務。
查該公司早經呈准政府有案，嗣因中孚停業，該公司亦
未能開始營業，現為配合實際需要，始決定將公司業務
恢復，並為加強陣容，特網羅外界有關人士若干人參加
董監會。新董事為端木文俠、陸心亘、端木鑄秋、奚東
曙、吳禮卿、孫錫三、李崇年、謝惠元，李芋龕、歐陽
載祥、周彥龍、孫仲犖等十二人，監事為包培之、關德
懋、陸襄琪等三人，董事長一席對外由東曙任之，實際
上董事長權責仍由余負之。茲訂本月十三日召開董事成

立會，商討一切，業務前途當可蒸蒸日上也。明晚（十日）吳市長夫婦約余晚餐，有王儒堂新夫婦在座，文叔亦參加。

5月10日　星期六

陸心亙、張練之早車到滬，比即來談。陸已被推為中福公司董事，當留滬參加十三日之董監事成立會。張原來是阜豐老股東，現已退出，對于孫府有很多不滿之語。

5月11日　星期日

回看交通銀行趙總理棣華、中央信託局吳局長任滄，並訪錢慕尹兄。據錢云中央擬將皖省李主席調廣西，以黃季寬繼李主皖，黃不願往。我以皖人立場，只希望將皖事辦好而已。

5月12日　星期一

到中孚行辦公，現在銀根奇緊，小銀行時在困難之中。

5月13日　星期二

中訓團將官班千餘人，今晨十時赴中山陵哭靈。渠等稱革命卅餘年，到今天走頭無路，並讀祭文。哭畢即至國防部請願，要求按現在待遇發給生活費。如此情形實在有傷國家體面。現在工潮、米潮、學潮此仆彼起，國家顯以走上極度危難的險途。當前最需要普遍安定，

如欲達此安定目的，人人都知道要在政治上、經濟上求
改良，我以為不生事、能了事，是安定中重要之因素。
午後二時，出席中福企業公司董監事會成立會，一致推
舉余為董事長。余說明不克擔任，改由奚董事東曙代理
董事長，並聘歐陽載祥為公司經理。吳文叔、孫臨方三
人為副經理，全體董監事十五人，除包培之在北平，周
彥龍在南京，因事未克趕到外，其餘一律出席，而董監
事都是經濟界一時英俊，尤為難得。余簡單致詞，以現
在經濟不景氣，對于業務以小做、多研究，待時局好
轉，再謀發展，將來公司業務、公司利益與國家、社會
利益要同樣併重，尤應本服務社會精神向前做去。晚七
時在大西路余之住宅，招待端木文俠、陸心亘、關伯
敏、李崇年等諸位董監事晚餐。襄叔、馴叔、申叔今午
後由蘇州來上海，適交通大學二千五百學生晉京請願，
至北火車站要求開車。車站為阻止學生進京計，來車在
上海數里外停車，襄叔等徒步到站。

5 月 14 日　星期三

偕襄叔、馴叔、申叔、文叔到拉都路朱家，又到應
家。又偕彼等到新新、先施兩公司遊覽，物品既貴，購
買稀少。晚七時招待滬法院檢察處長杜寶榮，以司法院
參事劉慰凌及何世楨（思毅）、何世梅（樸誠）、端木
鑄秋、孫錫三、孫仲敦等作陪。蓋自中孚銀行停業後，
孫府發生司法問題，都由杜檢查長辦理者，現在先後結
案，此次招待，聊表謝意耳。

5月15日　星期四

此次來滬原擬往兩星期辦理中孚事、中福公司成立事，以及襄叔十八日結婚事，因為蔣主席電令余與張行政院長、白國防部長、陳參謀總長、鄭介民廳長、沈宗濂處長議定處置西藏變亂方針，因余在滬，會議兩次延期，現又定本星期五開會，余不得不回京出席。又因近日學生進京請願，鐵路交通時有停止，故于今日晨七時半偕芋龕乘飛機回京，九時平安到京。午後與沈宗濂、周昆田、熊耀文等先行研究對藏方針。

5月16日　星期五

上午十時至行政院院長辦公室，參加議定處置西藏變亂方針案。張院長等均出席，均主對藏注重政治與外交，而軍事亦應佈置，並採表面寬大，內容極積，以達成憲法所規定西藏自治，中央管理西藏外交與軍事之目的（至西藏此次變亂另有記載）。

5月17日　星期六

襄叔明日在滬與蒯世祉舉行婚禮，余不克親往，故麗安今晨偕魯書、光叔赴滬主持，辦理一切。襄叔與蒯世祉結婚，余深為滿意，並了余之心願，不勝歡慰之至。

5月18日　星期日

余于戰前（民國廿五年）在當塗縣先後購田八百畝，經侯某管理，實則等于罷佔，九年未收分文，經多

方交涉，至去年侯某忽然病故，侯家將碾米廠一所歸余執業。當塗人士都知道侯家發財，都由吳家九年租稻而來者，余為忠厚待人，另送侯家四百餘萬元。但余雖得此廠，人力、財力兩相缺乏，無法經營，只得暫時出租，而駐軍經數月交涉，不肯遷移，無可奈何。然出租乃是一時之計，故與前糧食部次長端木傑（文俠）迭次磋商，請其設法開辦該米廠。彼特請中國糧食工業公司總經理江漢羅君計劃此事，江又派該公司專員張政衡君親往當塗考察，異常滿意，決定經營。今日午後江、張兩君親來晤談，主張組織民營實業公司，辦理一切運銷業務，即以該廠為公司事業之一部，余十分贊同。現正草擬計劃，一俟端木文俠由滬歸來，可作進一步之商討。果該廠得以開工碾米，時局再可安定，則可減少余老年生活之憂慮也。上午十時出席國民政臨時國務會議，公佈施行維持社會秩序辦法案，又決議陳啟天任經濟部長，楊永俊、鄭振文為行政院政務委員、選常乃惠為國府委員，以上人員都屬青年黨。今次會議集中于學潮、經濟兩大問題，總而言之，經濟危急，公教人員吃不飽，有一部反動份子，藉此利用學生罷謀遊行，出以越軌之行動，妨害公務，阻礙交通。顯係擾亂社會秩序，破壞行政措施，事態日漸擴大，因此政府不得不宣佈維持社會法律案。

5 月 19 日　星期一

麗安今午後由滬返京，據云襄叔教堂接婚，禮節簡單嚴肅，甚為圓滿。端木文俠、李崇年兩兄來談當塗米

廠事，均主組織民營公司辦理。

5月20日　星期二
記西藏之事變

　　此次商討對藏方針一案，緣熱振派素親中央，為親英派及自主派所不滿，加之與現在政府當局如打札噶廈等，因權位上之衝突，尤屬極不相容，噶廈等遂藉口熱振將謀害打札，將之逮捕下獄，並即發動軍事圍攻色拉寺，企圖將熱振派之力量一網打盡。旋據報告熱振于五月七日中毒身死，色拉、熱振兩寺亦先後均被攻陷，打札及噶廈並經電呈蔣主席報告戡亂經過，謂西藏秩序已安定如常云云。至此熱振派遂完全失敗，不及補救矣。行政院于十六日舉行會談，計到余及張院長岳軍、林次長蔚文、鄭廳長介民、沈處長宗濂、周委員昆田諸人，僉以熱振派既已失敗，為國家百年大計，對西藏根本辦法應由國防部從速準備，經擬具方案呈請蔣主席核奪。回憶余曩年在藏，熱振對中央愛戴情殷，近數年雖卸任閒居，然其傾誠中央迄未稍渝。此次變生倉卒，中央竟因交通及力量所限，不及援救，此對熱振實抱無窮遺憾也。余與熱振私感尤深，此種痛恨永不能忘也。

5月21日　星期三

　　上午九時出席中央出席中央政治會議，討論例案多件，繼長時間研究昨日學生請願與憲警衝突，雙方負傷情形及如何善後，交由教育專門委員會速擬辦法。此次學潮範圍甚廣，日益擴大，各處均已暗中戒嚴，若無善

法，有發生慘案之可能。其原因受經濟危急之影響，而背後有指使與政府搗亂之作用確是事實。

5 月 22 日　星期四

下午五時在大梁飯店召開邊政學會理監事會，決定召開會員大會。會期暫定七月一日，以籌備情形，或提前數日，或退後數日亦可。會後聚餐。晚七時安徽參政員九人，招待在京國大代表及在京人士晚餐，適蕪湖因米糧問題來京請願代表一同參加。據該代表報告米糧危急情形，當由余等在坐同鄉公函糧食部谷部長速為救援。

5 月 23 日　星期五

上午十時出席國民政府第三次國務會議，討論公教人員生活補助費，每月約增一千二百五十億元，武職人員增撥一千七百五十億元。似此巨大數字，財政前途不堪設想。午十二時半，在老寶新回教餐館招待江漢羅、端木文俠、李崇年、端木鑄秋、葉紹華、奚東曙、陸心亘午餐。發起致中實業公司，擬集資五億至十億，辦理當塗米廠、徐州榨油廠、□州麵粉廠，以及其他農產加工等事業，並推定端木文俠代理董事長，江漢羅負公司內部一切業務責任。一俟董事會日間成立，即可開營業，余甚滿意。

5 月 24 日　星期六

上午九時出席普濟墾殖社理監事聯席會議，討論經

費預算及工程進行程序。余再申明余只負總經理之名，實際責任由副總經理劉波鳴、徐月祥二人分別擔任。譚聲丙（燮青）長女福瑜，于歸唐君振耀，于本日午後五時半在太平路康樂園舉行接婚典禮，請余證婚，余準時前往。禮堂佈置整齊，招待週到。

5月25日　星期日

蔣老太太將來歸葬靈岩山公墓，余夫婦將來亦有歸葬靈岩之意，因蘇州葑門外安樂墓地距城太近之故也。特于今晨八時車回蘇看看靈岩墓地，午後一時半到蘇。又蔣老太太寄兒翁如新君父母亦擬卜葬靈山，現待如新到蘇，即可約期前往。近來米價已至四十萬大關，尚有再漲趨勢，人心大感不安，真堪重視。

5月26日　星期一

蒙藏委員會委員長羅俉子先生一再辭職，業經政府核准，另以許靜仁先生繼任，許已定六月一日接任。羅先生昨日返蘇，今日來晤，深為快慰，並云抗戰勝利後第一次在余客廳與余晤見。余再請提龍珠感舊圖，該圖于甲戌年請羅提過，今已隔十三年矣。翁如新君由滬來蘇，午後來見，約定後日（廿八）往靈岩看墓地。此君謹慎穩妥，而無嗜好之青年，父母以及兩位胞兄都已去世，尚未結婚。如馴叔、如新性情都能接近，進一步作朋友，再進一步談婚事，余極表同情。

5 月 27 日　星期二

中孚總經理孫錫三、副總經理李崇年今晨來蘇談中孚銀行最近情形，關于中福公司資本，尊重余之意見，與中孚切實分清，以免將來遺人口實，及法律之責任。招待孫錫三、李崇年午餐，並順便招待翁如新，約龐新聲、沈京似等作陪。晚間京似招待孫、李晚餐，余亦參加。孫、李■■一回滬、一回京。

5 月 28 日　星期三

蔣太太將來擬歸葬靈岩山繡谷公墓，翁如新父母亦擬葬該公墓，余夫婦因葑門外安樂園公墓距城過近，地勢過低，將來亦有歸葬該公墓之意，故于今晨偕龐新聲、翁如新乘汽車往靈岩山。先看繡谷公墓，該公墓背靠靈岩絕壁，對面一望無邊，就風水說，實有未妥，所以蘇州人從未在此處葬墳。然一般風景甚佳，吾人不重風水，當然可用，不過地下岩石甚多，須加以考慮也。嗣又看五龍新舊兩公墓，以新五龍氣勢風水比繡谷好多矣。因翁如新午後擬回上海，故午飯前趕回蘇州。

5 月 29 日　星期四

今晨偕馴叔往晤蔣太太，談繡谷公墓，決定蔣、吳、翁各先預購一塊，至土內之岩石，將來再研究取出辦法。關于翁如新與馴叔作朋友事，蔣太太介紹他二人先行通信，如合式再談其他，余十分贊同。余曰馴叔是你的寄女，一切你都清楚，如新是你寄兒子，你亦是很清楚，一切要請你努力，倘成婚姻，就是同兒子、媳婦

是一樣的。

5月30日　星期五

　　園中樹木自昨年整理與加肥，今年較為茂盛。本日
天氣清和，行走樹蔭下，甚為愉快。

5月31日　星期六

　　下午天落雨。道叔來函，農曆四月初一日上午五時
十分，積芳姪媳在合肥產男孩，擬起名振基。蓋「家、
邦、鼎、耀」四字已經用過，此孩名振基，將來再生，
特預擬振業、振興、振昌以待。

6月1日　星期日

乘上午八時四十分車回南京，因車誤點，至九時
四十分始到蘇。午後三時到南京，計誤一小時。

6月2日　星期一

今天整日見客，先後有外交部劉次長思舜、華立法
委員聲慕等廿餘人。

6月3日　星期二

清晨朱一民兄來訪，他現經發表國民政府主席重慶
行轅主任，管理西南軍事政治諸事宜，暢論西南國防與
西北國防之關係，必須打成一片。余並曰兄此次發表行
轅主任，余已任國府委員，可表現余二人在新疆並未失
敗。彼此大笑，十分歡慰。端木文俠來談致中實業公司
資本分配問題，大致決定，擬日間開會商討一切。

6月4日　星期三

上午九時出席中央政治會議，首先由陳參謀總長報
告軍事，大意近來在東北、山東軍事失利，河北、山西
亦無進步。次由王部長報告外交，大意近來蘇聯境內報
紙不斷散佈反華之論文，態度轉趨極積，美國可在最近
期間接濟我國糧食卅萬噸。其他委員紛紛發表有關時局
之言論，約二小時之久，不外軍事危急、政治紊亂、經
濟崩潰，歸納言之，一個窮無辦法而已。決議將今日各
人意見分交軍事、政治、經濟三審查委員會研究，再提
大會。又決議選任李文範為司法院副院長、黃季寬為監

察院副院長。又決議蒙藏委員會增加副委員長一人，以蒙族白雲梯、藏族喜饒嘉錯二人為副委員長。李崇年來暢談當前經濟想不出好的辦法、滬上銀根奇緊、華股慘跌、江海銀行倒閉。

6月5日　星期四

普濟墾殖社副總經理劉波鳴兄負責辦理實際事務，頃由安徽桐城東區墾區來京。午後偕辦事諸君來晤，報告社務，現因水大，將暫停圩工，其他一切情形尚好。余特別強調此事必須收獲，以免別人批評安徽人做事有頭無尾，這件事完全是社會事業，私人絕對不想好處。波鳴數月來辛苦，值得吾人感，仍望繼努力，希望波鳴成為實業大家。余事較冗，不能負總經理實際責任，擬請波鳴任總經理，以符名實。

6月6日　星期五

上午十時出席國務會議，關于參政會所提國共兩黨和平方案，因時間不及詳細研究，下次會議再行提出討論。午後十二時半，黃應乾、趙巨旭、曾小魯公宴朱一民兄，請余作陪。朱日內赴重慶就行轅主任，朱于席間對余很好，多推重，表示彼此感情甚佳。午後三時端木文俠、陸心亘、江漢羅、葉紹華、李崇年諸君至余寓，商討致和實業有限公司成立理監事會，決議推奚東曙代理董事長，文俠負董事會實際責任，漢羅負經理實際責任，並辦理余當塗碾米廠，取名致和實業有限公司太平（當塗原來是太平府治）米廠，以余廠租金一萬萬元，

作為余投資公司之資本。

6 月 7 日　星期六

前中孚銀行滬行副理孫璧威附逆案，查係捏名控告，實無桂心元其人。經滬高法院迭次調查，毫無罪證，宣告無罪，檢查官不服，聲請最高法院覆判。查璧威善良商人，訟累經年，原判公允，檢查官節外生枝，殊有未當。特于本日午後一時訪居司法院長覺生，請轉囑最高法院主持公道，維持原判，居允照辦。午後七時在蜀中飯店招待水利部薛部長子良（篤弼）等晚餐，擬請水利部建築普濟圩江堤水閘。薛部長答復，先要有精密計劃，由皖省政府呈請行政院，再由院交部，根據計劃專案專款辦理。此次宴會除徐理事長靜仁外，在京普濟社理監事全體參加。餐後舉行理監事聯席會議，先由劉副總經理報告本社經費、業務等。余因事冗，堅辭總經理，推舉劉副總理波鳴繼任，余與徐月祥任副理事長。至夜十一時散會。

6 月 8 日　星期日

上午九時卅分至黃埔路勵志社參加柏故國府委員文蔚、覃故委員理鳴（兼司法院副院長）、劉故委員尚清（監察院副院長）公祭。三君都是余之老友，今先後去世，諸多感慨。乘午後三時四十五分車赴滬，馴叔因中大近又罷謀三日，響應武漢大學慘案，趁此機會隨余赴滬，夜十一時到滬。

6月9日　星期一

錫三與余談行事，因去年損失過大，現在銀根吃緊，週轉吃力，擬將漢口中孚房屋一所出售，約可售六十億元，以半數購外國股票，一半留行週轉，余表贊同。翁如新君午後來晤，留晚餐，伊將赴日本考察，余與之談話甚多，並希望其繼父志辦理經濟事業，他很以為然。

6月10日　星期二

王揖唐女公子來請援救揖唐，余表示心有餘力不及。銀根日緊，工商各界日在困苦愁悶中爭生存，前途實在可慮。

6月11日　星期三

馴叔今晨七時車回南京。劉波鳴、徐月祥、梅雪岩、周平，先滬與救濟總署洽商普濟墾殖社諸事宜，上午來見。余允日間往晤霍寶樹總署長，請其協助，並留劉等便飯。余對于社中毫無個人企圖，完全立于正義幫助地位。中孚銀行自去年停業，損失太巨，值此銀根奇緊之際，資金動用較為吃力。總理孫錫三兄擬向國家銀行開戶頭，酌予透支，余允照辦。羅佶子先生來滬，據云每月生活要三百萬元，籌措維艱。

6月12日　星期四

外蒙古騎兵在蘇聯飛機掩護下（六月五日）侵入我新疆省白塔山，我對蘇聯、外蒙嚴重抗議。此一舉動係

蘇聯建立外圍，響應東北，不足為奇，余早經料及。惟
滾滾諸公對于新疆，不認為蘇聯問題，而認為是民族問
題，今則應該覺悟，不可一誤再誤。李石曾先生來訪，
陸心亘兄由京來滬，談幫助中福公司業務。晚七時，應
先生招待余與文叔、申叔等晚餐，有竺佩風新夫婦等
在坐。

6 月 13 日　星期五

上海市黨部主任委員方希孔約午餐，有劉波鳴、劉
真如等在坐，談及安徽黨政諸事。襄叔出嫁，中孚同人
（高級）以及傅伏波、奚東曙諸君送禮，本晚七時借實
業銀行儲信部大樓招待晚餐，表示謝意。計二席，到孫
伯羣夫婦、傅伏波夫婦等廿餘人。

6 月 14 日　星期六

上午十時到行，十一時訪救濟總署霍署長寶樹（亞
岷），告以安徽分署葉元龍兄書生本色，對于請求救濟
礙于感情，隨時應允，現在行總發下物資不敷分配，擬
動用普濟墾殖社尚未完成澄瑤湖工程保存之工糧，若
然則墾殖社不能完工。因普濟社請余向你說話，而葉元
龍兄又與余感情最深，所以余請求你直接幫助葉先生，
間接就是幫助普濟社。霍表示葉在皖分署很有成績，學
問道德皆好，現當分署接束之期，葉若有困難，報告
總署，當盡力之能及為之想辦法，余表示謝意。午後
（十四日）三時出席中國銀行第二十三屆通常股東總
會，改選商股監察人，散會後與陳光甫兄到中孚銀行休

息，談及當前政治、經濟日日吃緊，如軍事能打勝仗，
或可挽回。晚七時招待李石曾先生新夫婦晚餐，李是中
國農工銀行董事長，即約該行齊總經理作陪，我方中孚
行錫三及仲犖夫婦亦參加，因此兩銀行取得大聯繫。

6月15日　星期日

　　午十二時招待應夫人及其四妹，及竺培風夫婦，及
翁如新午餐。翁將赴日考察，藉此餞行。竺婦係楊子惠
之女，頗知禮貌。午後三時汪世銘兄來談民社黨的分裂
情形，他立于反對者地位，被民社領袖開除其黨藉，彼
等將于七月一日開全國民社黨代表大會，開除領袖張君
勱之黨藉。初行政黨政治應有現像，而汪之勇氣，實可
欽佩。

6月16日　星期一

　　傅沐波兄清晨來訪，他本由政府派定擔任東北慰問
團團長，現值東北戰事吃緊，詢余意見。余曰招集團員
會議，如要去，應速去速返為宜。上午九時半，偕申叔
往謁吳稚暉（敬恆）老先生，請求提文恕庵禮佛圖。吳
年八十三，談風甚強，精神飽滿，計談一小時之久。午
後五時招待中孚銀行在滬同仁全體茶會，亦是與全體初
次見面，並簡單致詞，多是該行舊人，老成甚多。李
石曾晚七時招待晚餐，余準時前往，人客甚多，相當
熱鬧。如新明日赴日，晚間來辭行。

6 月 17 日　星期二

乘上午七時車回南京，車中遇林曉谷。他與許靜仁先生係志德縣人同鄉，談及靜老家庭環境，令人憤慨。以七五老人如此境遇，殊屬可憫，此皆對于婦女不加管教之結果也。

6 月 18 日　星期三

上午九時出席中央政治會議，對目前國內外局勢詳加討論，均認局勢已至最嚴重階段，有主張縮短戰線，將東北軍隊撤出，以待國際反應者。經二小時之發言，決將各人意見送陳蔣主席參考。又通過吳鐵城立法院副院長。至午後一時散會。東北軍事危急，北平至各路鐵道不通，共軍圖擾塘沽，天津可聞砲聲。

6 月 19 日　星期四

上午見客甚多，與李崇年談經濟、金融，及做人自修之大道，約三小時之久。午後六時到中央醫院訪曾慕韓先生，他身體尚未復元，對于現在時局十分顧慮。他認為失敗原因固多，而外交無辦法，乃失敗最大之因素，主張在此方面積極改善，至軍事失敗如此地步，對于人事亦應有所考慮也。

6 月 20 日　星期五

上午十時出席國民政府委員會第五次國務會議，蔣主席親自報告各地軍情，表示冀、魯局勢甚為穩定，東北亦在增援中。遂討論經濟改革方案，經決議交全國經

濟委員會討論報核。蔣主席晚八時宴府委，余準時前往，至十一時散會。蔣主席發表意見甚多，主張對時有明確表示。今將宴會新文一則黏後。

本報訊

　　蔣主席昨（廿）日晚八時於官邸邀宴在京全體國府委員及經濟、農林兩部長，就目前時局作重要之集議。主席對共黨最近之企圖擴大叛亂，曾加闡明，並重申政府對統一和平之願望。與宴者紛紛表示意見，咸認政府對目前時局，如簡言之即軍事情勢，應有明斷之決策，尤其觀乎外蒙軍隊配合蘇機之入侵以及韓共之參與共黨對東北之攫取工作，戰爭性質，似應確定。張繼氏對於共黨在華北喪心病狂之暴行，沉痛作一報告，並主張政府應即明令討伐。莫德惠氏則鄭重申述東北在國防上之重要性，以及與世界和平之影響，主張確保東北，使大好山河，永維完整。蓋吾人九年抗戰，亦可謂目的即在收復東北，政府對此必須持最堅定之立場。陳啟天氏表示青年黨對於和平之一貫願望，並說明年來痛苦之經驗，以致造成而今戰亂之局面，實應早謀解決之道。昨日與宴者，除張、莫、陳三氏外，尚有孫科、居正、張群、鄒魯、翁文灝、王寵惠、邵力子、陳布雷、王世杰、余家菊、胡海門、徐傅霖、陳輝德、王雲五、戢翼翹、蔣夢麟、鈕永建、吳忠信、左舜生、雷震等。

6月21日　星期六

　　本日在與端木文俠談當塗太平米廠事，現正計劃簽

定該廠租約，計致和公司出租金一億元，租期兩年，余即以此租金投資致和公司。這是文俠等對我最大幫忙，我十分感激。張君樸本可參加太平米廠工作，因君樸開頭期望太奢，對方不能接受，最後期望較低位置，亦不可能，真太可惜，這是君樸認識不清之結果也。

6 月 22 日　星期日

午後四時出席普濟墾殖社談話會，該社內容複雜，前途工作艱難，端在內部團結，方可完成任務。此事乃余特別注意之集中點也。

6 月 23 日　星期一

上午九時出席中央紀念週，蔣主席領導行禮，馬超俊兄報告北方近情，認為時局嚴重，喚起大家注意。今日端節遠不如去年經濟，更不如去年一般形勢，人心惶惶不安。午後偕麗安、庸、光兩兒遊覽後湖公園，紅男綠女人山人海，豈亦不過勉尋端節一時快樂而已。

6 月 24 日　星期二

世界安危，或戰或和，全視美蘇之一念。中國內戰方興未艾，真是可憐而又可惜。昨晚李鐵軍兄來訪，他將調山東指揮軍事。據云我東北、山西軍事處于劣勢，山東軍事處于優勢，平、津、陝北軍事處于平勢。

6 月 25 日　星期三

庸叔暑假大考，英文、算術不及格，留級，這是不

應該的，其平時不用功，可以想見，但可以進該校暑期
補習班，如能及格，尚可升級。我最可恨者有廿四次不
請假、不上課，這是出乎範圍以外，因此必需嚴加管
教，萬萬不能姑息。

6月26日　星期四
天氣悶熱。

6月27日　星期五
一、李崇年昨由滬歸來，今來見。暢談中孚內容，情形
　　尚好。端節借給行中同仁半月薪，少數人嫌少，經
　　崇年開導已無事。實則該行待遇優厚，尚嫌不足，
　　真不知當前社會之痛苦。
二、常宗會（全椒人，農業專家）與王南原（全椒人）
　　來訪，擬在當塗設農場，並一面辦理農產加工之事
　　業，余十分贊成。王現任安徽企業公司總經理。
建文孫已在重慶大學畢業，今日到京。余以其品行太
壞，信用不足，嚴加訓誡，並云如原諒你，就是害你，
你要向章家認錯，吳家實對不起章家。

6月28日　星期六
李崇年今午後赴滬，再與談中孚銀行事。余力主取
守勢，當此經濟不景氣，能夠開工即可矣。

6月29日　星期日
中國邊政學會于本日上午十時，假天山學會大禮堂

舉行還都後第一次會員大會,由余主席,報告開會意
義,及今後工作重點。嗣由各組分別報告六年來會務概
況後,各機關代表相繼致詞。旋凌純聲宣讀論文「中國
邊政制度研究」、芮逸夫宣讀「行憲與邊民」、衛惠林
宣讀「世界文化與民族關係之前途」,即進行修改會
章,通過本年度工作方案。最後選舉余與周昆田、吳文
藻等廿一人為理事,劉金等七人為候補理事,李惟果、
熊耀文、浦薛鳳等七人為監事,李茂郁等三人為候補監
事。散會攝影,並在中央飯店聚餐,會場佈置整齊,會
員態度嚴肅,結果圓滿。查現在有關邊疆學術團體甚
多,以余所領導本學會,有內容、有歷史、有人才,較
為完善,應當繼續努力為國家服務。

6 月 30 日　星期一

午後三時出席中央常務委員會中央政治會議聯席會
議,蔣總裁親自主持,其訓話大意:
（1）共黨沒有多大力量,本黨同志沒有自信心,發生
　　　恐怖,這是最大錯誤。
（2）共產黨優于吾黨者,就是宣傳與組織,我們應在
　　　此方快快改進、快快努力。
（3）本黨黨團不能聯繫,力量不能集中,應該將黨與
　　　青年團合併（青年團是獨立組織黨的系統）。
（4）對于共產黨亟應明令剿辦,或下令討伐,或用文
　　　告式宣佈中外,總以如何動員一切力量,為迅速
　　　有效之實施。
總裁訓話約一小時之久,即退席,改由孫院長科主席,

繼續討論。各同志議論紛紛，結果一併由主管各同志秉
承總裁指示，詳擬辦法，提候決定。上午九時，出席中
央紀念週。

7月1日　星期二

晚間端木文俠、陸心亘來談致和公司最近業務。

7月2日　星期三

上午十時出席中央政治會議，討論軍事、外交諸問題。東北四平街之圍已解，中央軍經此次大勝，東北局勢暫時可以穩定。

7月3日　星期四

曾慕韓牙疾仍未愈，本日上午十時約余到中央醫院晤談。彼對于時局意見數項，託余轉達蔣主席，計談一小時半。午後五時陳光甫兄來晤談，彼以為對美國外交運用尚不夠，如在美最有信用之胡適之諸君，應請其出而奔走。其他對內，如教育應該有所改進，又東南無匪優之江浙等省，應提前施行民主選舉，以表示政府對于民主之決心。

7月4日　星期五

上午十時至國民政府會議廳出席第六次國務會議，計出席國府委員廿二人，各院副院長亦列席。蔣主席親自主持，討論主席交議，為拯救匪區人民，保障民族生存，鞏固國家統一，厲行全國動員，以戡平共匪叛亂，掃除民主障礙，如期實施憲政，貫澈和平建國方針案。首由蔣主席說明，繼由出席委員張繼、鄒魯、張羣、翁文顥、余家菊（青年黨）、戢翼翹、莫德惠、王雲武、陳輝德等先後發言，對于本案均表贊成，文字酌予修

改，全案予以通過。查此案為屬行全國總動員，相當于討伐令，可使全國人民辨明是非，和戰不定之政局當可澄清。但執行此案之技術，尚要切實研究，希望能切實，而不擾民，向前邁進。今日係美國國慶日，麥克阿瑟撰文抨擊專制主義，又是歐州英、法、蘇三外長會議失敗之日，吾國于通過全國總動員，真是不期而遇之多事日也。本日（四日）午後六時至莫干路二號陳宅，討論老友柏烈武先生追薦事宜，擬呈請國民政府舉行國葬。

7月5日　星期六

馴叔今日考畢，放假回家。

7月6日　星期日

時值黃霉，天氣濕熱，時雨時晴。

7月7日　星期一

今日七七抗戰十週年紀念，值得中華民族子孫億萬斯年紀念下去。回憶以我國百年積弱，憂患重重，而能打倒日本，是我們能知恥，能明理，能懂得大義，能在危亡間不容髮之際，堅強團結，共禦外侮，戰勝強敵，改觀世界，這是何等偉大，何等光榮。但勝利將及兩年之今日，內亂頻仍，民生憔悴，真是美中不足，不幸之至。上午九時至中央黨部，出席紀念週及七七十週年紀念，蔣總裁領導行禮。先由陳參謀總長報告軍事，略謂國軍一年來成果輝煌，收復二百十二縣，俘虜達十

萬人。繼由蔣總裁訓話，大意謂政府現已頒布全國總動
員令，其意義即在加強剿匪力量，同時加強建設工作，
際此國家困難之日，本黨黨員應發揚革命精神，互相反
省。至目前軍事絕對有把握，即攻必克，守必固，如陝
北之延安，魯中之南麻，均是共匪多年唯一重要之根
據，我國軍在很短期間，而予攻下，即為明證云云。本
日（七日）午後六時在介壽堂舉行中國邊政學第一次理
監事會，推舉余為理事長，推舉周昆田、曾小魯、吳澤
霖、凌純聲為常務理事，分兼總監事、總務、出版、研
究各組主任，廣祿、張中微、張承熾、孔慶宗為常務理
事，兼副總監事、各組副主任，又推舉李惟果、顧拮
剛、李芋龕為常務監事。余並致詞，加以鼓勵，會後聚
餐，十分快慰。

7 月 8 日　星期二

天晴，氣候熱。

7 月 9 日　星期三

上午回看張靖白、徐月祥、吳瀍泉諸同鄉。

7 月 10 日　星期四

興安省國大代表王孝華（女，雅魯縣人）、東北蒙
旗復員委員會組長鐘呂恩來見。據云東北自四平街一役
勝利，目前暫可苟安一時，將來危機甚多，必須加強力
量，方可維持。

7月11日　星期五

　　馴叔好靜不好動，往往呆坐一室，終日不出門，久而久之，于身體大為不利。余特勉以動靜咸宜，及精神愈用愈發揚，身體愈動愈堅強。但如申叔不好的身體，不能用以上二語。

7月12日　星期六

　　前幾天悶熱，近兩天落雨，天轉涼。

7月13日　星期日

一、清晨端木文俠來談徐州榨油廠事，伊新由徐親自考察歸來，據云決計開辦。又李崇年昨由滬回來，談中孚銀行近來業情形。

二、陳方銑、方希孔、葛小東午後二時來訪，請余等推薦王培仁為安徽教育廳，余不得已，只好蓋章。

三、曾慕韓病愈，業已出院，本日午後四時偕其夫人來晤，暢論國內外形勢。

7月14日　星期一

　　上午九時出席中央紀念週。昨日致函張院長關于安徽教育廳事，嗣後余再三考慮，似有未妥，當即去函共同簽名徐委長靜仁先生緩發致張之函。蓋本省事太複雜，不易辦理，皆因各懷私見之故也。余向來對于本省一秉大公，往往各人鬧私見，使我不易處也。

7 月 15 日　星期二

俞飛鵬（樵峯）將任糧食部長，此部在當前最無法辦好之部。俞與端木文俠是老同事，俞堅請端木任次長，端木堅決不幹，因此端木昨、今兩日與余談此事。余勸端木次長可不做，對樵峯感情不可傷。結果任樵峯顧問，從傍幫忙。

7 月 16 日　星期三

上午九時出席中央政治會議。孫錫三由滬來，談銀行事，當前一切穩妥，決無危險。留午飯。晚七時，余與文俠、心亘、崇年、漢羅在老寶興回教館公宴錫三，適致和公司滁縣麵粉廠業已出品，即以該粉作為今日晚餐之用。

7 月 17 日　星期四

孫錫三兄夜車回上海，將請假一月往北京，行事由李崇年暫代。午後晤新由東北歸來保安副長官孫立人君，據云共軍戰略是以少勝多，戰術是以多勝少，我軍戰略、戰術與之實得其反，因此吃虧，現在急圖改善，以我現在兵力只能守點，其線與面之收復，尚待努力云云。孫現升任全國陸軍副總司令，仍兼東北保安副司令長官，此一在印緬戰場卓著功勛之青年中將，將才卓越，治軍嚴明，咸認渠之出任今職，必有新猷。孫能得到今日名望與地位，皆實幹苦幹之結果。孫安徽舒城縣人，與余個人感情素佳，余甚快慰，更為安徽、為國家深慶得人。午後四時出席普濟社理監事會。

7月18日　星期五

上午十時出席第七次國務會議，蔣主席親自主持，討論動員戡亂，完成憲政綱要，通過公布實施。此案關係重要，經一小時之討論。所謂動員戡亂，就是實行國家總動員法。又決議行政院糧食部部長谷正倫辭職照准，任命俞飛鵬繼任。本年繼續徵借實物，以充軍食案，議決通過。此案關係社會民生，將來結果，殊屬疑問。邊政學會理事柯象峯應英國文化協會邀請講學，李安宅應美國耶魯大學邀請講學，將于日內放洋，余于本晚七時假介壽堂設席餞行。又約首都邊疆學術團體聯誼會胡煥庸諸邊疆專家學者聚餐，表示邊政學會改組後，招待有關邊疆學術團體，以資聯繫。計到廿餘人，余並簡單致詞，盡歡而散。

7月19日　星期六

清晨接見新疆乃茲爾大阿洪等，彼等將赴阿拉伯朝聖地，他們說新疆不能樂觀。上午十時出席國民政府政務官懲戒委員會首次會議，鈕永建先生辭常務委員，決議挽留。午後三時見西藏司倫之弟，他是前十三輩達賴之姪，據云當前西藏不致有變，惟進步無望。

7月20日　星期日

陸軍副總司令孫立人君來晤談，他自稱是□□□□孤掌難鳴，言下很多感慨。余曰你是憑你的學術，與抗戰歷史及中外信譽，從辛苦拚命中得來今日高位，正所謂老天不負苦心人之收穫也。正如余有黨籍而無派系，

但憑余四十餘年革歷史與社會之信譽，得到今日地位，
其處境遭遇與君相同也。他問余他今後如何應付？余答
曰你既有高位，當然招忌，這是必然道理，你今後對老
將領要尊重，對平輩要客氣。他深以為然。

7 月 21 日　星期一

　　上午九時出席中央紀念週，新宣傳部長李惟果報告
中有「攻心為上，說復為上；真理第一，事實第一。」
余一生做事、待人、自處以及治邊，都是用上四句話，
無論遇到如何困難，都能克復，都能成功，余能在此惡
社會奮鬥過來者，即在此也。

7 月 22 日　星期二

　　近一星期內，霉濕悶熱，與人身體很不相宜。杜魯
門總統派大使銜特別代表魏德邁將軍，于今日下午飛抵
南京。據其聲明來華任務，竭盡所能執行杜魯門所付予
使命，希望澈底明瞭中國政治、經濟、軍事實況。查
魏氏曾于抗日期間擔任蔣主席之參謀長及駐華美軍總司
令，最明白中國情形，希望他作一切實而具體之計劃報
告杜魯門總統，使美政府決定根本對華政策。就余推
側，美國遲早必定援助中國，但是有限度、有條件，並
期望中國改革政治能實合美國之理想。我們無力量，
我們要人家幫忙，我們要自知慚愧、自知努力、自知
爭氣。

7月23日　星期三

昨晚老友北平行轅主任李德鄰兄來晤。據云蔣主席擬調伊為東北行轅主任，伊擬赴美就醫，蔣有允意。李詢余意見，答曰以現在情形，我贊成你赴美一遊。李並擬上蔣主席有關時局意見書，請余閱覽，余特于今日清晨親往李寓詳閱此項萬言意見書，內容豐富，凡關黨政、軍事、外交、經濟以及一切人事等等利害得失，應有皆有，言人所不敢言。余閱後贊成呈送蔣主席，以挽時局于萬一。

7月24日　星期四

青海馬主席步芳，前日飛抵上海，昨晚夜車來京，余于今晨七時到下關車站迎接。彼此來京出席糧食會議，彼談及青軍最近在隴東與新疆之土魯番及北塔山剿匪勝利之經過，非常得意。余對之很多慰勉，因上項戰事有關大局，十分重要。中央現已批准青軍增練騎三團、步兵兩團，增強西北國防。馬旋至余寓晤談，余表示曩年主政新疆，局勢危急，承派騎五軍增援，轉危為安，公私均感。

7月25日　星期五

郭寄喬來京出席糧食會議，余特于清晨到下關車站迎接。他主持甘政已半年，一切都甚穩當，余在新疆時，他幫助獨多。午後馬主席步芳來晤，據云國防部白部長建生轉述中央意旨，將派其任隴東、海固、甯夏三個兵團指揮官，伊以才力不及，不克擔任，請余向白部

長說明，不能擔任。余隨即赴國防部晤白，白允考慮。蓋隴東兵團屬于青海馬主席，海固兵團屬于前甘省主席馬鴻賓，甯夏兵團屬于甯夏馬主席少雲，他們三位都是回教、都是同鄉、都是本家、都是負西北重要責任。現在正要會剿陝、甘、甯三省邊區匪患，但三人不能合作，中央亦頗為難。余晤白後，再往馬主席寓所，告以與白談話之經過。馬主席近數年在青海軍事、政治對國家很多供獻，但中央有許多小事未能使之滿意，此次與余談話，甚多消極，余加以安慰。

7 月 26 日　星期六
連日天氣太熱，汗流交背。

7 月 27 日　星期日
安徽李主席品仙偕省參議會副議長陶若存來晤，他們來京出席糧食會議，關于安徽人民擔負太重，余要求減低。又安徽教育廳汪少倫因競選立法委員，照例辭去現在廳長，想與現任立法委員王培仁對調（中央官吏不受選舉限制）。適王培仁君想任教廳，昨偕陳方銑君來寓，面請幫忙，余特趁今日之機會向李主席保薦。李允俟教部批准汪辭職後，再行商量。余並請李主席于王培仁教育廳能成事實，保薦汪少倫繼王為立法委員，李允照辦。

7 月 28 日　星期一
上午九時偕青海馬主席子香出席中央紀念週，並介

紹吳文官長等與馬見面。午後一時蔣主席招待馬子香、
馬少雲、郭寄嶠三省主席，北平行轅李主任，以及馬總
司令子寅等午餐，余與白部長作陪。席間蔣主席簡單訓
話，囑馬等即日回省。飯後余到李主任寓所，李云傅宜
生不願擔任北平行轅主任，蔣主席命他再回任北平。

7月29日　星期二

　　馬主席子香此次來京任務完畢，擬于本日午後飛
滬，檢驗身體後，由滬直飛蘭州，轉返青海，故于本日
上午再作一小時之晤談。關於剿匪指揮問題，中央決定
駐隴東兵團（屬青海）歸蘭州行轅指揮，至海固、甯夏
兩兵團歸馬鴻賓兄指揮。子香此次到京，結果圓滿，彼
此晤談數次，亦非常快慰。馬鴻賓兄來訪，彼此年齡相
同，素來感情甚佳。他所屬海固兵團，上次剿匪，損失
太巨，正待整理。

7月30日　星期三

　　清晨回拜馬鴻賓兄，談西北軍事情形。上午九時出
席中央政治會議，討論對日貿易，因時匆促，不及決
定，擬明日開臨時會專門研究此案。天誠姪女由肥來
京，午後來見，今年廿六歲，與余第一次見面。伊身體
強健，態度穩重，自從安徽學院畢業後，即在教育做
事，現任合肥縣立女子中學校長。吳家女子除襄叔在重
慶教育學院畢業，天誠又在安徽學院畢業，均與大學同
等資歷，余非常歡喜。本日（卅）午後六時，前糧食部
長谷振倫（紀常）來晤，他想回貴州本省任主席，託余

向當局進言，余允先與張行政院長接洽。

7 月 31 日　星期四

自昨午後不斷落雨，大減炎威。

8月1日　星期五

上午十時出席國民政府委員會第八次國務會議，通過經濟改革方案，交行政院分別辦理。又關于對日貿易，經委員會縝密商討後通過，並決定依下列三原則辦理：

（1）由政府與經濟界協商組織代表團赴日考查商務。

（2）對日貿易以不妨害國民經濟為原則。

（3）中國對日所需物資，儘先于賠償物資中取出，以減少入超，由行政院擬具詳細辦法實施。

其他例案甚多，至十二時五十分散會。

8月2日　星期六

昨、今兩日天氣熱，汗流不止。

8月3日　星期日

回看皖主席李品仙兄，余力主安定地方，減少人民擔負。午十二時邵華兄約余午餐，有王東原、郭寄嶠、李品仙三省主席在坐。午後落雨，天氣轉涼。

8月4日　星期一

上午端木文俠、陸心亙、李崇年來談有關致和公司資金六億，只夠辦理滁縣大成麵紛廠，至當塗太平米廠，以及徐州油廠，因資金缺乏尚未開辦。共商之下，決增加資本四億元，共十億元。余前已將當塗米廠兩年租金壹億元作為投資該公司，茲再認二千萬元，共一億二千萬元。新安徽省黨部主任委員陳訪銑來晤，不

日將往安徽，此人性情和平，深得各方信任。梅嶙高來
晤，據云救濟總署所允一千噸之糧食，已無把握，因澄
瑤湖工程，頗受影響。

8月5日　星期二

乘上午八時車回蘇州。因昨日大雨，今日天暗無
日，氣候涼爽，沿途禾苗茂盛，秋收有望。午後一時抵
蘇。申叔身體弱，肺部亦弱，諸醫云如不加以調養，可
能成為肺病，他又以讀書重要，不肯放鬆，殊屬茅盾。
經多方解說，下年度仍繼續休學，豈天不助有何說哉。
余老矣，在京為管教庸、光兩兒，時常生氣，在蘇州憂
慮申兒身體與學業，與馴兒婚姻之解決。總而言之，都
是兒女煩神耳。

8月6日　星期三

前擬與蔣太太及翁如新與余家共同購繡谷公墓，因
諸多不便，今晨與蔣晤面洽商，將作罷論。今日天陰，
氣候仍涼爽。

8月7日　星期四

久住蘇州老朋友宗洞天兄來訪，今年七十三歲，身
體強健。他是安徽懷甯人，住蘇州三、四十年，他原是
和尚，後來還俗學醫，對于醫學經驗甚多。彼此已隔十
數年未見面，暢談之下，亟為歡慰，並留午飯，影毫、
佛菴等均在坐。

8 月 8 日　星期五

沈京士兄來訪，他對于書畫很有研究。因申叔在家休養，不入學校，一人終日無事，實覺無聊，特請近鄰京士兄隨時予以指導，而申叔又性喜書畫，誠最好之機會也。

8 月 9 日　星期六

前後方勤務部副部長盧佐（競羣）住東小橋北面張家弄，與吾家近在數分鐘行程，今晨來訪。伊江西南康人，擬競選立法委員，詢余意見，余十分贊成。現任南康縣縣參議長係余老友董福開（羣甫）兄，余擬致函董君，請其為盧幫忙。

8 月 10 日　星期日

中午仍熱，早晚轉涼。沈京士昨、今兩日來訪，請其指導申叔書畫。

8 月 11 日　星期一

乘上午八時車，午後一時三十分到南京。此次在蘇數日，專為研究申叔修養身體辦法，申叔志在讀書求上進，今既在家休息，如身體強健時，擬請國文先生略為補習國文。

8 月 12 日　星期二

建文孫品行道德欠佳，雖在大學畢業，將來做事、做人前途值得考慮，今日特嚴加教訓（另有記載）。

8月13日　星期三

上午九時出席中央政治會議，議論紛耘，對于當前政局多表不滿。道叔、建文本晚九時車回合肥。

8月14日　星期四

倪健飛來見，他原來任安徽懷遠中學校長，現調任當塗師範學校校長。他從前任蒙藏委員會簡任秘書，我于昨年力主辭去秘書，回皖辦學，他當時似有維難。今則蒙藏會改組，深覺回皖辦學，實為計之得也。

8月15日　星期五

上午十時出席國民政府第九次國務會議，通過要案多件：

（1）調整公務人員待遇（此次調整，軍人提高待遇百分之一千，俾與文職公務人員相等，每一兵餉將自二萬元增至二十二萬元，各級官兵均比例增加。十年來文職待遇高于軍人，今則平等，可謂大公）。

（2）調整鹽稅，每擔徵十萬元。

（3）厲行消費節約辦法。又據國防部長報告，最近在山東匪軍主力已被擊潰，俘獲甚多，從此山東在國軍掌握之中，形勢大大改觀，榆林亦已解圍。

倪榮仙來見，他懷遠縣人，余任皖省府主席時，他在皖北任保安團長，剿匪深資得力。此次來見，擬競選立法委員，請余幫忙。

印度獨立

　　印度于今日（十五）起獲得獨立，經過外族百年的統治，經過半世紀堅苦奮鬥，從今以後印度境內不再有英軍足跡，大英帝國從王冠上摘了這一顆明珠。印度教徒與回教徒乃為二個不同之民族，故將印度分作巴基斯坦與印度斯坦兩個獨立國家，但印度語言、民族、信仰、風俗、習慣既異常複雜，而印度之藩邦有優久之歷史，與人民階級分割之嚴格，隨時隨地都可發生變化。中國與印度國界毗連三千公里，文化、經濟、交流之歷史逾兩千年，因此一方面為印度關心，一方面祝賀印度前途光明。

8 月 16 日　星期六

　　天氣極熱，午後落陣頭雨。

8 月 17 日　星期日

　　本星期五（十五）國務會議通過改善外匯重大措施，今日在京、滬公佈辦法，設立平衡基金委員會，負責調節進口、出口貿易，外匯官價仍為一萬二千，市價可按市場情形核定。如此辦法是承認黑市外匯，則可增加出口，減少走私，吸收僑匯，這還是頭痛醫、腳痛醫腳一時辦法，對于整個經濟危機，尚無法解決。

8 月 18 日　星期一

　　乘夜車于今晨八時到滬，崇年、仲犖皆至寓所晤敘，暢談一般經濟情形。下午更就政府新公佈之外匯管

理辦法中，關於指定若干銀行為指定銀行，代理中央銀
行買賣外匯一點，詳加檢討。因感中孚銀行自民國七年
辦理國外匯兌及進出口押匯，歷史悠久，信譽卓著，甚
合指定標準，故特決定即日具備申請書，向中央銀行申
請為指定銀行，並由余私人致函張公權總裁，請於可能
範圍內予以指定。

8月19日　星期二

今日上午偕文叔往江灣訪晤章友三夫婦，章夫婦小
姐、小女孩均見面。余首述建文中小學皆在家鄉讀書，
至大學余始看見，因其未受好家庭教育，故目前正在管
教期中。余繼述章小姐與建文結婚實太委屈，希望章夫
婦對於建文不可客氣，須多加管教，章小姐對於建文亦
應多予管束。友三表示其女兒社會經驗不夠，至對於建
文由於關係密切，今後自當注意。章小姐嫁予建文，在
章夫婦心中自有一番苦處，經余此次往訪後，當可得到
很多安慰。下午往訪孫伯群君，渠送余玉柄手杖一根。
晚間東曙夫婦來訪，崇年、芋龕等在座，暢談至十一時
始散。

8月20日　星期三

上午到中孚銀行，最一、二月間該行通常存款，上
海方面（平津在外）在一百五十億至二百億，但開支太
巨，放款尤為不易，此乃金融界一般不良之現象也。晚
間與崇年、仲犖、歐陽仲敦等談行務，決定九月一日
召集董監事會。本擬多住數日，藉資休息，接文官處

通知，蔣主席約余全體國府委員、各院部會首長，于
二十二日上午十時在官邸談話等因，擬明日回京。

8 月 21 日　星期四

乘上午七時車，午後一時五十分到京。

8 月 22 日　星期五

上午上午十時至蔣主席官邸，國府委員、各院部會
首長均出席。今日官邸之茶會，係為即將離華美總統特
使魏德邁將軍話別，魏氏就其在華考察所見有關軍事之
缺點，政府腐敗貪汙，提出怛白批評，希望革新。青年
黨主席曾琦茶會上發言甚為得體，茲將發言黏于後。

本報訊

青年黨主席曾琦昨于蔣主席茶會上，向魏德邁特使
特別提出美故羅斯福總統「世界和平不可分割」之名言
及美前國務卿史汀生「不承認主義」之英見。曾氏認
為：美國在此次戰後，所以對世界能具有領導力量，亦
賴此兩項信條。中國之東北，在勝利之後，仍遭受外力
侵犯，領土亦被割裂，此時正為實行史汀生「不承認主
義」之時，蓋中蘇協定乃根據于雅爾達密約之原則，在
中國方面，付出重大代價，無非為求世界和平。而今中
蘇協定已滿兩年，非但東北之工業設備全被移走，叛亂
武力獲得武裝，且旅大亦未能接收，凡此均為吾友人
不能忽視者。中國古語「隔岸觀火」，最後必自食其
果，觀於珍珠港事變前之國際情勢，可為前車之鑑。

吾人相信魏得邁將軍能以科學之態度，客觀認清我國
目前之局勢。

8月23日　星期六

曾慕韓兄昨日來談，關于他在原籍隆昌縣競選國民
大會代表事，請余協助。經余一再考慮，特于今晨親往
切商，決請蔣主席幫忙。回看谷紀常兄，他曾託余向當
局進言，想主政家鄉（貴州）。余告谷政府現無調開現
任之意，若有機會，一定幫忙。

8月24日　星期日

晤金陵大學農學院長章之汶兄，他是國內農業權
威，他不但學問過人，而且深深明白中國數千年農業歷
史，與現在中國農業實況，尤其頭腦清楚，有政治天
才，此人應令其為國效力。關于曾慕韓兄選舉事，決晉
謁蔣主席面陳，特于午後致函主席，請指示見面時間。

8月25日　星期一

上午九時出席中央紀念週。午後五時謁見蔣主席，
其談話如下：

（1）曾慕韓兄對魏德邁來華，曾所表言論，問主席之
　　　感想。主席曰很好、很得體。
（2）關于曾國民大會選舉代表，主席允予幫忙。
（3）關于團結民社黨內部事，主席贊成，並允余與伍
　　　憲子晤面（前因汪世銘介紹余與伍見面，以機會
　　　未成熟，故未舉行）。

（4）關于一般外交情形事。

（5）關于邊政學會，請主席幫助經費，並撥會址。適
　　　戴院長季陶兄在坐，他說亞細亞學會有地皮，可
　　　以分一塊建築會址，我說沒有錢建築，還要請主
　　　席幫忙。

此次談話時間雖短，結果甚為圓滿。余見主席時，戴
先生已與主席談過一小時，已感疲勞，隨與戴一同辭
退。至考試院與戴談話一小時，深感戴身體、精神大不
如前。

8 月 26 日　星期二

同鄉老友黃建六先生今晨來晤，他深通佛學，身體
漸衰。崇年、宇龕由滬來，報告中孚存款，目前已至
四百億，為十年來存款最高峰。行政院政務委員彭浩緒
兄，頃由新疆遊歷歸來，特來晤談，對新前途未可樂
觀。當前即要舉行國大、監察、立法三種大選，關係甚
為重要，中國國民黨為慎重計，擬派員赴各省指導。今
日（廿六）中央執行委員會代電，推派本人為廣西選舉
指導員等因，廣西要人白健生兄等表示歡迎。余認為如
到廣西辦理此事，時間不甚長久，當樂于一行也。

8 月 27 日　星期三

今日係孔子誕辰，在國民政府大禮堂舉行儀式，
蔣主席領導行禮，余準時前往參加，于院長報告孔子
學說。

8月28日　星期四

上午回拜余家菊、黃健六，並順訪何魯之。午後四時至中央黨部，出席各省市選舉指導委員座談會。因中央九月九日召集四中全會，而九月十日必須到達各省指導選舉，時間衝突而急促，不能兩全其美。談論兩小時無結果，俟請總裁再決定。此兩件大事不能把握時間，足見辦事人之無能。

8月29日　星期五

上午十時出席國民政府國務會議，對于魏德邁之離華聲明之中國政府無能、腐化、貪汙之種種批評，頗引起各方之反響。今日蔣主席在國務會議甚為憤慨，力主自力更生，勵精圖治，今後在財政上應厲行節約消費，整理國家之經濟。繼即通過銀行法等案件，十一時半散會。此次魏德邁聲明百分之百侮辱中國，是而可忍，熟不可忍，吾人應本「為人必自侮然後人侮」之古訓，洗此大辱。

8月30日　星期六

去年今日余偕魯書往廬山，九月九日回京，結果完成中孚銀行之復業，誠不負此行也。本擬今日乘飛機赴滬，因巨風停航，改乘午後三時火車。崇年、宇龕同行，余與麗安在蘇下車，他們二人赴上海。至寓時已九時，惟仁夫人前次生病，至今尚未復原。

8 月 31 日　星期日

　　清晨晤蔣老太太，再談馴叔婚姻事。蔣老太太表示甚好，因翁如新赴日考察，現已返滬，日間將來蘇。偕麗安乘午後一時五十分車往上海，晚間與李崇年等談銀行事。

9月1日　星期一

　　午後四時主持中孚銀行第三次董事會，決定較重要之案件：

（1）本年十一月十五日（中孚復業一週年）召開股東會。

（2）墊借股東股息每股四千元（去年未發，從前所發亦微）。

（3）增加董事、監事出席費，每月三十萬，常務董、監事，每月六十萬。

（4）總務、文書合併，另成人事室（該行人事制度不健全）。

（5）擬逐漸恢復本行南京、漢口、鄭州三分行。

晚間招待董監事便飯。

9月2日　星期二

　　翁如新來晤，據云伊在日本考察遊歷將兩月，所到地方甚多，日本人能吃苦、守秩序，深得美國人同情，彼國將來復興必定迅速。午後與曾慕韓先生暢談國事將三小時，彼此所見相同。

9月3日　星期三

　　晤民社黨革新派汪世銘兄，他現任該黨組織事宜。該黨當前主張既不向右亦不向左，以發展黨的勢力為唯一之原則。

9月4日　星期四

上午九時半在汪世銘家與民社黨革新派領袖伍憲子見面，該黨中間分子盧廣聲亦參加。他們談話多是反對張君勱，表示有幫助政府之意，不偏向左翼共產黨。詢問政府對該黨有無友好之意，余答曰余個人可保證政府對貴黨友好。計談一小時。此乃初次與伍見面，未便深談，余主張將為該黨謀團結，以為政府之助。因中國初行多黨政治，應該最大國民黨幫助各小黨，團結各小黨內部，這是當前政治上最要之一著。劉寶誠、梅光裕來見。劉新由徐州來，據云蘇、魯一帶軍事大勝，南□皖、鄂之匪不足為慮。

9月5日　星期五

清晨李崇年來談放棄國民大會代表競選，很有見解。翁如新之為人，經余從旁觀察，大可上進。余甚愛護此等青年，甚願加以教導，本日午後與之作長時之談話。因伊關于選業大事尚未確定，余特將指示余家子姪親友以教育、經濟為選業之目標，指示如新，他深以為然。又暢談伊之家務，囑其繼承遺業。曾慕韓兄再來暢談。席德炳（阜豐總經理）、孫伯屏（阜豐副廠長）來談，麵紛業經政府統制，業務無法推進，倘長久如此，或將停業。

9月6日　星期六

訪傅沐波，助其為邊政學會募基，經允為幫忙，又當前經濟認危險。近日託代幫忙國大、立法、監察三個

大選者，大有應接不暇之勢，能好熱心亦民主好事。乘夜十一時車回南京，將到車站，立即大雨，由最炎熱難受之天氣，漸漸轉涼。

9月7日　星期日

晨七時十五分到南京。

9月8日　星期一

上午九時出席中央紀念週。晚間端木文俠來談，當塗太平米場即可開工，伊明日赴安慶。偖子先生來京出席四中全會，住余家。

9月9日　星期二

國民黨第六屆中央執行委員會第四次全會暨黨團聯席會議開幕典禮，與總理第一次起義紀念同時舉行儀式，余準時出席參加，計到中央執監委員及列青年團幹監事共四百餘人。蔣總裁親臨主持，並致開幕詞，大意勉勵黨團人員保持光榮，目前革命事業之危險困難，較之過去任何時期為甚，在此二十年來，共產黨之進步亦甚顯著，惟其違反中國倫理道德，吾人應澈底反省，自我檢討，積極進行改善。總裁末謂今年大選決如期舉行，實現還政于民。歷四十分鐘始畢。休息二十分鐘開預備會議，選舉于右任等十一人為大會主席團，至十一時散會。午後三時出席全會，聽取黨團統一組織報告、政治報告、軍事報告。竄擾皖西土匪連陷六安、霍山、三河、舒城，合肥告急，疏散人民，因此道叔母親及其

家眷人等逃難來京。道母與一別四十餘年，今來京見
面，極為歡喜。

9月10日　星期三

上午九時出席黨團聯席會議，蔣總裁親自主持，宣
讀六月卅日總裁訓示中提出黨團必須統一，目前政治、
經濟未合理想，係因不上軌道。宣讀畢，吳秘長報告議
提後，大會即進行，開始討論，十二時散會。午後四時
張主席文伯由迪化經蘭州飛抵首都，余親往機歡迎，見
面極歡。余告張曰你在新疆一年多，能用政治方法避免
戰爭，使我交把你七個行政區仍然完整，這是不容易的
事，是很有功的。你現在是離開新疆最好的機會，你深
我的話為然。

9月11日　星期四

上午九時出席四中全會及黨團聯席會。首由張文白
兄報告新疆情形，他說自卅三年秋中央派余任新疆主
席，未及一月伊甯暴動，至余離新，第一階段是軍政時
期，自張氏任主席是第二階段政治鬥爭時期，現在麥斯
武德任主席是第三階段。他結論新疆危機已成過去，余
認此語太早、太過，且看將來。

9月12日　星期五

上午十時出席國民政府第十一次國務會議。下午三
時出席四中全會：
一、討論當前本黨組織案。

二、統一黨團組織案。

三、定于民國卅七年五月五日，召開第七次全國代
　　表案。

9 月 13 日　星期六

　　下午四時出席四中全會，蔣總裁主席大會，通過下
列三要案：

（1）總裁提出中央執行委員常委五十五人（余名亦在
　　　其中，此為余第二次任常委）、監察委員常務員
　　　員十九人。

（2）慰勞勘亂將士電文。

（3）大會宣言草案。

休息十分鐘，于下午六時舉行四中全會圓滿閉幕典禮。
總裁訓話，戒虛浮、崇實際等等，繼由洪副秘書長宣讀
大會宣言，于六時廿分奏樂禮成。我對此次四中全會之
感想：

（1）會期僅五日，較以前各次時間獨短。

（2）宣言用語體，僅數百字，較之歷屆宣言簡切明
　　　瞭，且此次會議純為討論黨團合併問題，故對于
　　　報告事件極少。

查青年團設立已近十年，去年八月在盧山開會時，很多
人主張離開國民黨，另成獨立繫統，余不以為然。經一
年來黨團之紛擾，鬧得不樣子，今幸達到合併之目的，
誠屬難得。但黨團同志摩擦過深，在國民黨可說是最大
之損失，惟希望大家精誠團結，合作到底，犧牲小我，
一切出發點以家、民族為前題，否則前途殊極暗淡，至

為隱憂，不可不特別注及也。

9月14日　星期日

上午八時送羅佶子先生上車回蘇州。中央黨部既發表余廣西選舉指導員，本應即日前往，因時間準備不及，故廣西黃主席今日先行飛桂。余特九時親往送行，余則決定下一次（九月廿一日）由京飛桂。

9月15日　星期一

上午九時出席中央黨部紀念週。午十二時應魯蕩平兄宴（在中央飯店）。午後四時至中央黨部大禮堂，出席選舉指導委員及中央派赴各省市選舉指導員暨各省市參加選舉指導會報人員談話會，商討選舉進行事宜，議論紛紛，困難甚多。午後七時應徐可亭宴。

9月16日　星期二

今日係麗安四十二歲生日。午後四時至華僑招待所參加劉衡靜二十八位女同志茶會，請求余幫助選舉。接見北平副市長張伯謹兄，此人敏明強幹，大有作為。

9月17日　星期三

今日整日見客二十餘人：
（1）是談家鄉匪患，人民逃難，流離失所，請政府增兵速剿，救濟難民，余連日向政府說話。
（2）來客很多為大選事請求幫忙者。

9 月 18 日　星期四

上午九時至中央黨部出席第八十三次常務會議，蔣總裁親臨主席。先由宋委員子文報告捐產救濟抗戰及剿匪而殉難之本黨黨員家屬一案，即行討論。當通過青年部暨理論研究委員會，並推選陳雪屏長青年部，梁寒操任理論研究會主委。約李崇年、李宇龕、周彥龍、曾小魯研究邊政學會勸募基金事。

9 月 19 日　星期五

上午接見賓客甚多，所談均有關選舉事宜。中午應張文白兄宴，在座多安徽同鄉，許俊老亦與焉。有合肥三河同鄉唐明庭老先生，年已八十三，而身體健壯，精神矍鑠，蓋自幼騎馬盤弓有以致之。文白兄表示仍回西北，因中央既以軍事解決中共問題，雅不願在中央插入漩渦也。余請文白兄回西北後，可分駐迪、蘭兩地，俾留迴旋餘地。

9 月 20 日　星期六

上午九時出席國府政務官懲戒委員會議，關於新疆監察使第二次提請彈劾盛世才案，決議查照前案，總裁諭仍免予深究。與陳立夫兄面談此次赴桂事，對於中央與桂省黨方間發生之桂省黨部書記長問題，余與立夫兄均主張調停。余並謂余此次赴桂指導選舉，對中央所提桂省候選人自當盡力幫忙，如因環境關係，不能達到目的，則請諸同志原諒。繼與陳果夫兄談經濟問題，提及中孚銀行業務，余告以中孚銀行自李崇年參加後，頗

有進步，果夫謂李甚有才能，惟態度尚須修正。先後二次與白健生兄面談廣西選舉事宜，因中央與桂省黨方不和，健生兄亦主張妥善調停，並告以李德鄰兄已決定競選監委。

9月21日　星期日　晴

上午八時到明故宮機場，到場送行者楊月生、吳風清、蒯世祉、周彥龍、李宇龕、張漢光、張積熙、沈兆麟十餘人，同行者曾小魯、謝應新。八時半起飛，十時許抵武昌，稍留再飛。午後一時許到桂林秧塘機場，黃主席旭初、李中委任仁、蔣議長繼伊及各省委、各黨委、各首長凡卅餘人，均到機場歡迎。旋偕旭初兄同車入城，下榻省府招待所桂廬，此地原為台灣總督唐景崧舊宅，面臨榕湖，風景清佳。六時偕旭初、小魯過舊藩署，余曾住過者，又過舊皇城，省府正恢復合署辦公新址。蓋予四度來桂林，第一次在民國十年，先總理駐節於此，予任桂林衛戍司令，其時桂林內守舊時代。卅年到此小住，其時為極繁盛時代。今則因日寇之役，廬舍坵墟。在極盛時期人口有五十餘萬人，房屋五萬餘幢，今全被炸燬，勝利後接收房屋僅四百餘幢，人口僅二十萬矣，不禁滄桑之感。七時訪旭初晤談，旋赴旭初宴於省銀行，凡五席皆各機關首長。

9月22日　星期一　晴

省黨部紀念週，並為予舉行歡迎會。旭初主席對予深致贊許，且以余與桂省諸同志有深切關係，無論對

黨、對政，均盼有所指示，俾資遵循。余致辭則以四中
全會此次著重黨團合併問題，結果圓滿，即所以加強團
結，俾克負起此勘亂建國之大任。又談到選舉問題，一
切自當遵照中央法令辦理，期能選賢與能，設或落選亦
不必介意，民主作風故應如此。詞長，將稿黏存。十時
參加省婦女會第一次大會，予以應注重家庭教育、社會
教育為勗。散後旭初同過桂廬午飯。午後接見來賓，大
都為談選舉問題。

9 月 23 日　星期二　晴

上午偕參議會孫秘書長紹園答訪李任仁委員、蔣繼
伊議長及各機關首長。午後接見來賓。旭初來同進晚
餐，談選舉指導會報出席人選問題，仍主張中央派來之
黃書記長崑山既未就職，不必出席，代理書記長羅廣福
亦不參加，屬紹園向崑山說明。旭初處境極感困難，好
在渠忍耐工夫已深，良堪佩歎。

9 月 24 日　星期三　晴

上午八時應廣西大學陳校長劍儵之約，參觀良豐農
學院，並牛種保畜繁殖場，計有美國種牛八十頭，遠道
運來，初有損傷，近以調護得當，均甚茁壯。良豐本為
岑春煊西林公園，今漸殘破，風景優美，余曾下榻園
中，亦不勝今昔之感矣。小魯驅車遊陽朔，予以曾去過
多次，故未同往。晚孫紹園約到其寓便飯。晚旭初過
談，謂桂省環境近亦不佳，安南共黨猖獗，桂省很受威
脅。桂北旱、桂南水，人民流離不安，奸黨因而煽動全

省，無國軍，僅恃保安隊防衛，深感可慮。

9月25日　星期四　晴

　　羅廣福、謝躍民兩君來談，共進午餐。致白部長
函，謂俟競選名冊到齊後，即舉行指導會報。晚蔣議長
繼伊、黃廳長樸心來談，繼伊曾任粵財廳長，其時巡撫
使為李國筠，與蔣素昧生平，係李父推薦者。樸心在閩
辦教育七年，學驗俱富，為桂省後起之秀。

9月26日　星期五　晴

　　紹圍兄共進早餐。九時偕訪李重毅任仁於舊藩樹八
桂廳，為省參議會會址，原屋已毀，今正補修。此地風
景清幽，為桂林八景之一，余於民國十年任桂林衛戍司
令時，先總理駐節於此，予及今國府主席蔣公下榻園
中，徐又錚亦曾下榻於此，蓋具有歷史價值者。與重毅
兄談及故人王季文兄之為人，對黨、對國均多有貢獻，
曾有若干機會權利可圖，但均漠然視之，不失為難得之
士，而圄圄頻年，齎志以歿，彌可悲也。吾輩後死有
責，亟應設法將其遺櫬遷回桂林，並建築紀念物，以垂
久遠。重毅、紹圍均以為然。

9月27日　星期六　晴

　　午前八時偕孫紹圍、梁狄儔兩兄，並邀蘇新民市長
同赴七星崖，憑弔八百烈士墓。蓋三十三年桂林失陷，
七星崖守軍死守不退，被敵寇以毒氣窒死洞中，凡八百
數十人，淪陷已逾十一月，逮勝利後入洞檢點，面目

如生，亦可怪歟。午過紹園便飯。四時旭初及韋贊唐來談，定於下禮拜一（九月廿九日）舉行選舉指導會報，予告旭初云此次選舉應顧及到在省、在中央之本黨同志，使必要者皆能當選最為要著，旭初欣然而去。

9 月 28 日　星期日　晴

午前九時偕孫仲逸、周玉麟、曾小魯遊伏波山、木龍洞諸勝，均因荒廢未治，不克登眺。改至將軍橋廣西大學參觀機械廠，以經費關係，尚欠完善。黃崑山來談，為其以黨部書記長身份不能出席指導選舉會報，是否於黨之紀律上有妨礙，予答以此層由我負責，不必顧慮，你事我當竭力招呼，盼放心。晚張任民兄來談，今日始由京飛桂者。韙民二世兄志康完昏，請予證婚，予並贈綢幛一端、國幣五十萬元。

9 月 29 日　星期一　晴　中秋節

九時赴省黨部主持選舉指導會報，予謂各種候選人人選，以忠實、品行、資歷、能力四點為抉擇標準，決議二案：

（1）推定黃主委旭初、蔣議長繼伊、韋幹事長贊唐、孫委員仁林組織小組，先事審查。
（2）國大代表候選人每縣一人，如有特殊情形，擬增報一人，請中央決定，但不得過百分之十至十五，立委、監委暫不擬增報。

訪張任民談。晚旭初約飯，今夜中秋，月色極佳，其寓面臨灕江，水色山光，照耀窗牖，賞玩良久而歸。

9月30日　星期二　微晴　大風

昨夕大風，今晨氣候頓涼，相差廿餘度。昨宵又腹瀉三次，記民國十年，孫總理駐節在此，余所帶軍隊多患腹瀉，予報告總理，謂先生是醫生，如何治法？總理曰此地水寒，無甚妨礙。午前黃參政員鍾岳及陳子勤君先後來談，兩君皆在香港廣西銀行負責該行經營出口貿易，並有輪舶二艘專駛廣州與梧州，行中業務甚好。午後答訪兩君。偕小魯遊獨秀峰，小魯登至山頂。

10 月 1 日　星期三　大風

午前黃啟漢君過談，係桂省天保人，向隨白健生兄辦事，卅一年赴美留學，研究比較憲法及經濟，人甚精明，近始回國。午後朱蘊章君來訪，係安徽懷甯人，任賀縣縣長已兩年，以賀縣縣政建設一書見贈，並曾任桂平一年半、恭城三年，皆有聲績。晚任民約飯。

10 月 2 日　星期四　風

連日不敢吃油，今日覺腹瀉稍好。午重毅、紹園來談，共飯。午後任民來談甚久。余告任民，予與兄之相識係由季文兄之介，意氣極投，故余語人云，余到廣西交得一朋友，甚以為慰。其後相與論事，意見極合，今季文雖逝世，而吾兩人交情，仍應如舊且應加強。此後無論公私方面，但有所託，必為視力所能及為之協助。任民甚表滿意。晚間與小魯閒談，此後余之抱負，即在安定社會（政治）、發展民生（經濟），憲政即將實施，予正競選合肥國大代表，或可當選。將來予之目標：

（1）仍致力於經濟事業為上策。

（2）參加政府任某一機構為中策。

（3）運用國大會議有所組合為下策。將來究採何策，尚須慎重考慮也。

10 月 3 日　星期五　晴

午前八時偕李重毅、蔣伯文、孫紹園、黃中廑、陳丙南、曾小魯出遊秦堤，屬興安縣，距省垣六十餘公

里，其地有飛來石、三將軍墓、四賢祠、南斗閣諸勝。
三將軍者，按墓碑所載為劉、李、張三鎮國將軍，亦未
載其名字，蓋明時所追封者。相傳劉、李二將軍皆以修
渠未成自殺，張雖修成，而以功歸之兩將軍，不敢自
居，亦不忍獨生。後人哀之，而樹碑以紀之也。四賢
祠所祀為史祿（秦時人）、馬援（漢人）、李勃（唐
人）、魚孟威（唐人），皆修渠有功者，祠前古榕傳為
伏波將軍手植。南斗閣旁為湘、灘二水分派處，湘居其
七，灘居其三，所謂靈渠，今已淤塞，余曾遊歷，不禁
感慨繫之。

10月4日　星期六　晴

　　晨訪旭初，商候選人支持名單。午後二時召開第二
次指導會報，立委、監委、國大代表候選人支持名單均
已決定，結果圓滿，咸感欣慰。

10月5日　星期日　晴

　　午前三、四時光景，忽夢於安徽同鄉會正在開會之
際，驟聞槍聲四起，予在一高台徐徐飛下，聞數女子清
婉歌聲，甚覺清快，如入仙境，旋被驚醒。余生平志氣
到老未衰，夢入飛騰尚係第一次，姑記之。九時偕重
毅、伯文、紹圍、小魯赴距城四十餘里之會仙鄉，過白
健生先生老宅，其地名山尾屋，即在山麓，面臨平原，
尚覺開敞。又過重毅宅小坐，旋赴良豐午飯。旭初晚餐
於桂廬。

10 月 6 日　星期一　晴

晨接見數客。午任民約便飯。五時許偕紹園赴甲山一遊，其地諸山逼峙，因名夾山，現稱甲山，在抗戰時期建築房屋甚多，今悉毀矣。過紹園晚飯。今日因飛機未至，改明日返京。

10 月 7 日　星期二　晴

九時許赴機場，送行者旭初主席及各機關首長均到，十時許起飛。是日因氣流欠佳，每小時速率只三百里，午後二時到漢稍停再飛，四時許抵京。此次在桂先後凡十七日，初感天熱，甚不舒適，繼以大風轉寒，偶感腹瀉，幸無大礙。至此次指導選舉工作，進行順利，結果圓滿。良以余五度歷桂，人事熟習，各方均於我一致推重，咸相信我不偏不倚，故能各得其平，皆大歡喜也。

10 月 8 日　星期三

午十二時國防部白部長建生約便飯，余將此次在桂指導選舉經過與結果詳細說明，彼十分滿意。午後將選舉各種名冊送中央部秘書處，至此赴桂指導選舉告一段落。最近蘇聯、捷克、波蘭、羅馬尼亞、保加利亞、南斯拉夫、匈牙利七個國家與法、義共產黨組織新共產國際，以打倒美國帝國主義為號召，就是第三國際再度公開，世界和平大受威脅，世界又形成共產集團、民主集團兩大壁壘。此舉為對馬歇爾援歐計劃而發，今後美、蘇關係當益形尖銳。總之共產與民主決無妥洽餘地，甚

願早見分曉，以免夜長夢多，中國從中受苦。

10月9日　星期四

上午接見廣西同志馬曉軍、梁昌漢數人，都是為
選舉來問休息。馬等未被提名，當然不歡，梁等雖被
提名，尚須顧慮人民將來投票。午後五時訪曾慕韓先
生，暢論國際，他主張成立民主國際集團，對抗新第
三國際。

10月10日　星期五

今日卅六年國慶典禮，于今晨十時在國府大禮堂隆
重舉行，余準時前往參加。蔣主席親臨主持，並即席致
詞，大意卅六年來，中華民國天天在進步。去年國慶
時，共匪佔領交通線，延安、張家口、龍口、煙台及山
東之沂蒙山區等地之海陸交通生命線，現在都握在我們
手裡。共匪失去以上根據地，如失卻生命線，無論竄到
何處，只能使社會不安，對國家之危險已沒有了。一俟
子彈、糧食打盡時，空有武器，自然銷滅，是毫無疑問
的，共匪已至既不能攻，亦不能守之慘境。末云今後經
濟要開源節流，要有自力更生之決心，希望外援及貸款
依賴心理如不消除，中國即不能進入獨立自主云云。

10月11日　星期六

美國生活雜誌十日刊載甫自中國返美之前美國駐蘇
大使及駐法大使蒲立德，達十二頁之報告，題為訪華感
想。其重要之點：

（1）雅爾達會議，前羅斯福總統之錯誤，貽害中國于無窮。

（2）馬歇爾在中國斡旋和平的錯誤，助長中國共產擴軍，嗣又失信不繼續接濟彈藥，而蘇聯反大量接濟共軍，其結果美國等于解除中國友人武裝。

（3）共黨要推翻政府，破壞全國經濟。

（4）無論戰事的結果如何，中國政府決不能從東北撤退。

（5）中國若要強盛，必須首先獲得財政上的穩定，只要價值二億五千萬美元黃金或白銀，即可擊破中國的通貨膨脹。

（6）軍政、經濟急需改革，歸納起來有十八項，每項切合中國實際需求。

（7）美國政府必須表示，無意容忍他人霸佔中國。

（8）即速把彈藥供給東北國軍，此項行動不能再事延宕了。

（9）建議麥克阿瑟將軍來華執行援華政策。

我統觀全文，蒲立德先生是美國人中確實明白中國情形之第一人。此文有內容、有辦法，正當蘇聯新第三國際公開之後，美國尚在觀望之際，真是切合時宜。可增進美朝野對華了解，及有助廓清錯誤輿論，吾人閱之十分佩慰。

10 月 12 日　星期日

今日天氣清和，桂花開放，上午偕麗安、馴、庸、光三兒及兆麟參觀國貨展覽。

10月13日　星期一

上午九時出席中央黨部紀念週，後再出席中央常務
會議臨時會議，討論黨員財產登記。議論紛紛，經二小
時久，結果組織規劃委員會，但多數心理都不以登記為
然，惟因四中全會之決議不便推播，只得如此拖延。
這都是做事不慎于始，少數人說話一時之痛快之結果。
因合肥同鄉王揖唐、余立奎二人案，午後往訪司法院秘
書長茅祖權先生，請求幫忙將王之死刑減為無期徒刑，
余可立即釋放。茅表示王案困難，余或可照辦。王過去
如聽我話，何致有今日結果，王兩位女公子迭來請求援
助，我上次居院長進言，茲再向茅說話，這都是盡心
而已。立奎係我舊部，因刺汪精衛案，已坐監牢十三
年矣。

10月14日　星期二

上午陳立夫來談廣西選舉結果圓滿，他深為滿意。
喬根來云將往東北，請余致函陳主任辭修，當即照辦。
午後曾慕韓來談，該黨大選名單已送政府，託我轉請蔣
主席多予支持。午後八時蔣主席約晚餐，有各院長等
十餘人。席間主席詢問對于民主同盟辦法，有主下令解
散者，有主要該黨表示態度者，結果一面研究，一面問
民、青兩黨意見。主席又提議以顏駿人、黃季寬為國府
委員。席散後，余單獨談話如下：

（1）赴桂辦理大選經過，組織部希望提名之同志，均
　　　已提出。

（2）李德鄰競選監察委員，將來想任監察院長，並呈

德鄰致白建生親筆函，囑余請示主席有所指示。
主席閱函後，答曰競選監察委員是贊成的，至監
察院長須至將來臨時酌奪情形云云。其含意監察
院長將來要由監察委員互選，此時不能決定。

（3）報告青年黨大選名冊已送政府，曾慕韓先生請主
席予以支持。答曰應該，又說曾慕韓是很好的。

（4）報告在上海與民社黨革新派伍憲子等見面情形。

10 月 15 日　星期三

上午九時出席中央常務會議。下午出席常務委員會
經濟小組會議，討論建國特捐，就是富家捐。余認為現
在軍事吃緊、政治複雜、經濟恐慌，此時舉辦此捐，必
多紛擾，主張不辦，否則只能在重要城市先行試辦數
處。葉元龍于午後七時，在新街口救濟總署大樓招待余
與胡適之晚餐。餐後到余家閒談，至十一時方散，彼此
所談多關世界問題與我國大局，主張很多接近。

10 月 16 日　星期四

國府委員鮑爾漢上午十時來訪，他是新疆特特爾
族，係余在新疆主席任時從監牢中被解放者，並任他為
迪化第一區專員。嗣張白到新時，任他為省府副主席，
再保舉他任國府委員。此人留學蘇聯、德國，並通中國
語文，但一般人批評他太油滑。行政院機要秘書鄧翔宇
奉張院長命來商西藏問題。端木文俠昨日由滬歸來，今
晨來見。胡適之兄昨日向我說，為領袖人，要無知、無
能、無為。我答曰但必須有知、有能、有為，然後由有

字做到無字。他說這是老子道理。

10月17日　星期五

上午十時出席國務會議，通過文武職調整待遇。鄒
海濱先生起云，只聞調整，未聞有根本辦法，現在物值
又飛漲，調整趕不上物值，仍是生活困難，因此雖調
整，更使人心慌。又討論戰前銀行存款照兩千伍倍歸
還，更討論本國人存款外國，應報告政府，否則監禁五
年。此兩案關係重要，交經濟小組審查。曾慕韓先生今
日（十七）午後來暢談，彼此政見相同，性質相同之處
亦多。他很認識我，說我有今日之環境與地位，有兩個
特點：（1）善處功名之際；（2）是解決問題的人。我
一生做人做事誠然如此，能以知道我這兩點，蔣主席可
以知道一部，能以知道如此詳細者，曾慕韓也。我又告
曾，因為善處功名，不免過于謹慎，所以我事業進步遲
緩，我能解決問題，全靠一個誠字。計談二小時之久。

10月18日　星期六

昨夜與端木文俠、陸心亙兩兄談致和實業公司業務
情形，至十二時方散，故余今日精神欠佳。

10月19日　星期日

日前據財政部長說，上月發行通貨五萬多億元，用
在軍事方面三萬多億元，而軍器、軍糧、軍運等等用費
尚不在內，長此下去，不知如何收縮，如何善後，確是
當前最嚴重之問題。上午與陳光甫兄談話，他擬以社

會賢達資格競選鎮江區立法委員。午後赴陵園回看鮑爾漢國府委員，他說新疆各方面反對現主席麥斯武德，伊方反對更甚，我說是不是麥調開，伊方即可合作，他說未可必。李崇年、端木文俠來晤，暢談經營實業。余說明邊政學會將來與經營實業關係，蓋經濟與政治必須配合，所謂配合者，在民主時代，必須運用社會政治團體，配合經濟，方能收效，否則以政府機關與地位運用團體，經濟必定。

10 月 20 日　星期一

上午九時出席中央紀念週。下午見客甚多。

10 月 21 日　星期二

下午四時出席中央常務會議臨時會議及選舉指導委員會議，討論大選諸種問題。最困難是黨內各同志都要競選，而黨外之民、青兩黨之競選爭名額，且要國民黨支持選出，國民黨深感內外應付困難。所以如此複雜紛擾，都是未能慎之于始，與夫負責辦事人未盡職之故也，有何說也。

10 月 22 日　星期三

上午九時出席中央政治會議，決議以丁□□、黃紹雄兩位同志為國府委員等案。吳秘書長提議，聞國務會議增加滿族國大代表十七人，認為不妥，請大家注意。余起立發言，當時國務會討論此案，我是反對，我說辛亥年革命用五色旗，是代表漢、滿、蒙、回、藏五族

一家，先總理後來應團結國內各民族為一個大民族，不
必再用五色旗，俾好化除界線，所以改用青天白日滿地
紅旗。但改旗意義甚多，其中以化除民族界線意義為最
大。年來邊疆少數同胞向中央要人請求，而要人不加考
慮，隨便答應，邊事之失敗即在此，望諸位同志今後多
加注意云云。下午二時與白建生、程思遠研究西廣省大
選名單，酌予修正，遂即函中央黨部，以免將來在選舉
會上有所爭論也。下午三時出席中央常務會議暨中央選
舉指導委員會，討論台灣、浙江應支持之名單，最感
困難要讓位置與民、青兩黨及本黨同志分配。至七時
散會。

10 月 23 日　星期四

下午三時出席中央常務會議，討論浙江國大名單，
因人才太多，不易分配，非常困難。

10 月 24 日　星期五

下午三時出席中央常務會議暨中央選舉指導委員
會，仍討論浙江名單。爭論太多，決分組審查，再提
常會。計將全國分為七組，余分在第一組，審查浙、
閩、蘇、皖四省及上海兩市，余與陳立夫、朱家驊任
召集人。

10 月 25 日　星期六

上午九時出席國務會議經濟審查會，審查戰前銀行
存款與存在外國國人之外匯之提用兩大案。前項銀行存

款在七七事變前，每一元照二千五百元分期歸還，七七
以後至太平洋宣戰時，每一元照一千二百五十元歸還。
至提外國國人存款，應另擬辦法。下午三時出席審查
會，上海等處國大候選名單。

10 月 26 日　星期日

　　上午到戴院長家與許靜仁先生等討論西藏諸問題，
並在戴家便飯。午後三時出席審查會，審查安徽國大候
選人名單。余因是本省人，頗感困難，尤以冊內人員，
多未見過面，不敢輕于決定，只以少說話為原則。

10 月 27 日　星期一

　　下午三時出席中央常務會議暨中央選舉指導委員
會，通過安徽等省候選人名單。

10 月 28 日　星期二

　　午後三時出席審查會，審查江蘇省國大候選人名
單，余主席，經三小時之久，甚為辛苦。尤淮陰縣代表
為青年、國民兩黨競爭最力，詳情另有記載。晚八時白
部長建生招待新疆歌舞團，余往參加。

10 月 29 日　星期三

　　午後三時赴中央黨部出席常會，討論安徽農會國大
代表。查陳獻南同志為候選第一名，而在第七審查小組
另易以他同志，係在皖擔任特務工作者，並非實際農業
從業人員。余為主持正義計，力以為不可，而某係謂再

交付審查，予謂此等小事，常會還不能決定嗎？要我們
常會做甚，如必欲交付審查，亦萬不能維持審查原案，
否則予始終要力爭的。予覺此次選舉改由中央提名，事
前既未有充分準備，顧慮未週，加以時間倉卒，各省會
報草草從事，並未顧及選賢與能之本旨。而沽徇私情，
係我小組織中者，無論其賢鄙，概列第一，反之則抑置
於後。而中央審查又未有一定標準，表面係尊重省會報
之決定，而實際仍重私情，有由第七名提列第一名者，
反之則列第一者亦可改列，如陳獻南者，未免太不合
理。且陳為皖農會理事長，資歷既深，鄉望素著，而竟
欲以毫與農無關之某同志易之，無論從那方面說皆說不
過去，予不能不主張公道也。且以此次大選，決定已
久，而各項籌備未週，臨時手忙腳亂，太不週密，凡事
推諉，太不負責，不知實際負責之同志們如何感想。故
予亦在常會對於此事強調責難，雖引起諸人之不滿，亦
在所不顧也。此次控制選舉之結果，可以預料於國家無
補，在黨更係一大損失也，可為一慨。

10月30日　星期四

午前陳立夫部長來訪，請予：
（1）對陳獻南事勿予堅持，且云欲以提補之某同志對
　　　防共工作極有成績，如其落選，影響其情緒。
　　　余未表贊同，予云予個性素強，主意決定，不能
　　　更改，從前與令叔英士先生共事上海時，欲辦某
　　　事、欲制裁何人，主張一定，非澈底不可。
（2）對青年黨之要求淮陰國大代表一事請維持原案。

予謂此為本黨之對青黨，是國策問題，何必吝此
一縣國大代表。且為青年黨首領曾慕韓之來函要
求，不得不重視也。

午後訪健生兄，談告余與立夫頃談各節，予即不擬出席
午後三時之中央常會，以免再找麻煩，請其代為注意可
也。蓋淮陰縣代表候選人為張炎，青年黨提出候選人為
吳天民，聞吳為醫生，與慕韓關係深，而張炎與洪蘭友
關係深，故彼方決不讓步。且其中尚有一關鍵，張炎競
選之初，以其為法院檢查官，即威嚇李崇年君，說李如
競選，我將對於你之控案將舊事重提，於李不利，李因
而不敢競選。不意青年黨又要此縣，此中殆不無玄妙。
而予仗義執言者，純為本黨之政策關係，非為人的問題
也。三時偕麗安遊後湖。

10 月 31 日　星期五

午前十時出席國務會議，關於前次審查國人在外國
存款自由申報，否則處刑五年一案，予謂此種辦法毫無
效力，譬如持網入海，不惟大魚不得，即小魚蝦亦不能
得，徒成具文。應將此案仍交回行政院重新研究，擬具
加強而實施有效辦法，再行決定。均以為然。慕韓於會
畢詢及淮陰國大代表事，余告以彼方堅持不讓，余只
好不再出席，靜觀其變。如此態度，即對黨、對友亦
屬無愧。

11 月 1 日　星期六

以現在辦理大選，請余幫忙的人實在太多，煩不甚煩，幾致寢食難安。不得已于今晨偕麗安回蘇休息，午後一時餘到蘇。

11 月 2 日　星期日

李崇年夫婦今日來蘇，招待午餐、晚餐，他下榻沈京士家。崇年與余談中孚銀行今後業務計劃，主張推進，余贊成。

11 月 3 日　星期一

李崇年午後回滬。下午偕麗安遊覽觀前大街，此為勝利後第一次，其商務遠不如戰前。園中楓樹計有八株，現已放紅，而日暖風和，秋高氣爽，使人身心適宜。

11 月 4 日　星期二

到蔡貞坊蔣家看蔣老太太。訪申叔畫師趙子雲先生，趙年七十四，有五十餘年之經驗，此人性情和平。

11 月 5 日　星期三

錢慕尹（大鈞）午前來晤，據云淮陰縣國大代表，最後仍決定讓青年黨吳天民君。此事能如此，對張炎雖未能如願，不免遺憾，然對友黨真是大大讓步矣。慕尹約余等明日往遊伊蘇州鄉間故里。

11月6日　星期四

本日應錢慕尹兄之約，上午八時偕麗安乘吉普車前往，于九時到崑山縣屬真儀鎮。先在該鎮食有名之□鴨麵，再乘小舟，約廿分時間至慕尹兄故里，食午飯看楓紅。慕尹原來是崑山人，嗣在蘇州讀書，又久住蘇州，大家認為他蘇州人。于午後五時返抵蘇州。今日天氣清和，滿眼秋色，令人快慰。

11月7日　星期五

整理園中樹木，尤以紫藤十年未加修，雜亂不堪。而四株太多，藤架不能容納，故去兩株。

11月8日　星期六

天氣溫和，仍整理園林。

11月9日　星期日

仍整理園林。申叔體弱，似有肺病可能，惟最近口胃甚佳，身體較前強健。今日午後量熱度卅六度，七脈六十八跳。

11月10日　星期一

乘上午八時四十分車回京。衛俊如夫婦周遊歐美，日前返國。余於午後四時與彼夫婦會見，因俊如少年時隨余從軍，關係較深，余特向彼進忠言。大意你既有功有名，應該保全所得功名，將來即以此功名報效國家、服務社會，否則要此功名有何益乎？又何況生活不成問

題，你已大露頭角，不要再出風頭，免招人忌，這樣話只有我與你說。計談一小時，多半關于修養。最後告其夫人曰，俊如事多易忘，我的話你可記載下去，隨時告俊如為要。青年黨要求吳天民為淮陰國大代表，余所支持陳獻南皖農會國大代表均成事實，此乃余對友黨之政略及對陳之正義均告成功。

11 月 11 日　星期二

上午十一時與曾慕韓兄談話，他主張行憲之初，萬勿修改憲法，行憲之後，政治應大大改革、大大改觀。繼談一般政局，他更表示青年黨對國大名額大大減少，而且很快提出，今日與國民黨提名候選人同時發表。他認為只要能行憲，其他小問題，不必計量也。他認為民社黨一再要求，名單尚提出，未免所見太小，他尤以政府派與民社黨接洽人員，未能盡其責任。計談一小時。今日見客甚多，都是為競選立法委員。

11 月 12 日　星期三

今日孫先總理誕辰紀念，上午十時前往陵寢祭堂參加謁陵典禮，由蔣總裁親自主持，典禮簡單嚴肅。今日天朗氣清，風和日暖。皖李主席品仙來談皖省剿匪情形，及此次大選之經過。

11 月 13 日　星期四

今日仍是來客不斷，都是為競選立法委員而來。余對此次大選毫無利害關係，而主張公道者，無法使人人

滿意，余只得不參加審查之一法耳。

11月14日　星期五

陳果夫兄久病，余晨九時往訪，並談現在一切經濟
狀況，均認為必須辦理民生工業。十時出席國務會議，
蔣主席親自主持。此次出席委員廿五人，為每次出席比
較最多者。午間劉波鳴等來談蕪湖碾米廠等事。午後
三時偕麗安赴上海，主持明日中孚銀行董監會及股東
大會。

11月15日　星期六

本日乃中孚銀行復業一週年，一切平穩，尚有營
餘，殊為欣慰，亦是余轉業經濟初步成功。所以能如此
結果，是余不謀私利，團結銀行內部，有以致之也。上
午十時主持董監事會，準備股東大會之案件。午後二時
召開股東會，先由余致詞，繼由總理報告行務。最後修
改章程，增加董事二人、副董事長一人，隨即選舉席德
丙、李崇年二人為董事，又增加常務董事二人，又選舉
李運啟、孫伯羣等三人為監察人。三時半散會。

11月16日　星期日

午十二時，席德丙兄在虹橋別墅招待余等午餐。

11月17日　星期一

本日上午中孚開董監事會，余主席。報告數點：
（一）中孚制度欠全，人才缺乏，財務累積數字不足

配合國策及社會經濟，因而影響業務發展。

（二）董事長於法律上、社會上對行負有最高責任，故本人對於行中各項措施，甚為關切，時時期其改進。

（三）望常務董事會能負起督導行務之責。

（四）今後方針，須在不違法、不投機原則下，配合國策，適應環境，向前邁進，尤當注意百年大計，協助實業。

旋通過案件，計為：

（一）公推孫章甫為副董事長，孫錫三、孫仲犖、李崇年三人為常務董事，李運啟為常駐監察人。

（二）由常務董事負責釐訂常董會章程。

（三）決定副董事長及常務董事待遇。

（四）電勉全行同仁。

下午出席阜豐麵粉公司董事會議，通過之要案有：

（一）資產升值為國幣參十二億九千七百萬元，另增募現金新股七億元，連同原額，共計為四十億元。分為四萬萬股，內普通股三萬萬三千萬股、優先股七千萬股。

（二）決定十二月十七日召開臨時股東會，提請通過資產升值，調整資本，及修正章程，重選董事、監察人等案。

11 月 18 日　星期二

錫三、崇年今晨飛平。晚應孫伯羣兄宴。

11月19日　星期三

上午至中孚行接見副經理、襄理數人。下午帶同申叔往訪吳天民醫師。吳醫師認為申叔發育太快，光靠食品滋補，尚感不敷，必須注射數種藥劑，以補營養不足及增強肺部。吳醫以為申叔肺部雖弱，但非肺病，並允為負責調治。余亦請其測量血壓，計為一百一十四度，較前大有進步，殊感快慰。

11月20日　星期四

上午分別接見中孚主任以上職員數人，下午帶同申兒訪晤陳樹人先生。陳先生展視申叔畫品，認為甚可造就，並告申叔常往伊處就教。

11月21日　星期五

上午訪李運啟兄，談伊選舉，他無決心。至中孚行接見魏壽永君，他說此次中央所提立委名單，他與運老皆列候補，合肥是大縣，應出立委一名，如運老放棄，他決定繼續競選。他的決定甚對，我囑其與運老面商。

11月22日　星期六

上午至中國實業銀行晤傅沐波兄，談邊政學會募捐事。沐波允照上海銀行捐助壹億元。

11月23日　星期日

今日往伍克家兄處探視其太夫人，並分別回看璧威、仲犖。

11 月 24 日　星期一

上午傅沐波兄來訪，談國內政局。梅雪岩君來訪，談普濟圩工糧事，託余致函行總霍署長為之幫忙，余當即照辦。謝仁釗兄來訪，談競選立委事。下午至行與包協理談中孚過去情形。

11 月 25 日　星期二

上午至行，與東曙談及今後經濟應該社會化，後與包協理詳談中孚過去幾次失敗原因。中孚過去之失敗，主要原因由於制度欠健全，今後欲求進步，亦必須從建立制度著手。下午帶申叔至吳醫師處，他看申叔肺部照片，並非肺病，而係氣管及林巴腺附近稍有問題，吳醫並為之注射補肺藥針。

11 月 26 日　星期三

上午七時偕麗安回南京，因天氣轉寒，兩人均小受風寒。

11 月 27 日　星期四

現在中央正在審查立法委員名單，名額較少，而競選人多，非有小組織不易得到提名目的。今日所見的客甚多，都是為忙選舉提名者。

11 月 28 日　星期五

上午十時出席國務會議，因蔣主席赴北督師，由副院長孫科主持開會。午後衛俊如、錢大鈞來晤談。

11月29日　星期六

仍是人客不斷，都是為立法選舉事宜。午後六時半招待邊政學會出版部主任吳澤霖先生晚餐。吳現在清華大學任院長，日前來京，並約出版部編輯徐益棠同人作陪。席後談邊政公論將來之主張，我並表示對于邊政學會為終身事業，希望諸同人多多幫忙。

11月30日　星期日

上午十時與曾慕韓先生見面，暢論即將行憲，國是之轉好在此一舉。談話要點：

（1）行憲後之百年大計。

（2）行憲後政府陣容要煥然一新。

（3）應解決當前諸種問題。

（4）推行省自治，從速選舉省長、縣長。

又談到行憲後，責任內閣有關外交、國防、財政三部長人選之重要。又談到行政院長人選，必定要內外人士信任，蔣主席信任，尤其對經濟要有辦法，與夫恢復國家安寧秩序之能力。

12月1日　星期一

安徽省黨人組農產股份有限公司，余為黨股代表之一。今日午後三時在介壽黨召開成立大會，余準時出席，計到黨股代表人卅餘人，推余主席。先由余致詞，再由中央財務委員會主任委員陳果夫致詞，並推劉波鳴公司董事長、李運啟等為董監事。至六時大會完成，舉行聚餐。國民黨黨費向由國庫開支，現既實行多黨民主制，自明年起國民黨費必需自籌，所以安徽黨人有此組織。但資金過少，不足發展，余主張需一百億元。

12月2日　星期二

天陰，氣候寒，結冰。

12月3日　星期三

昨日天寒，下關至零下一度，難民有凍死者，可慘、可慘。午後三時普濟墾植社舉行理監事會，余準前往出席。該社所經辦澄瀟湖墾地，因經費困難，甚為吃力。第一期沿江大堤，明春可以勉強完成。

12月4日　星期四

社會經濟根本搖動，農村根本破產，其因素在政治之不良，挽救之方仍在政治之改良。為政者既不能有所作為，只有澈底推行民主，使人民自己辦自己事，或可挽回于萬一也。

12月5日　星期五

余自上星期三（廿六）由滬回京，途中小受風寒。抵京後未及注意休息，忙于開會與應酬，乃至昨日身體頗感不適，今日發熱臥床未起。可知關係甚大之年老人，雖小受風寒，須兩星期可復原，可不慎哉，年輕人不介意也。

12月6日　星期六

中孚銀行副總經理李崇年兄曾前赴華北視察平津分行，日前返滬。今日來京，據云各分行情形甚好，余甚慰焉。今日熱退，能起床。

12月7日　星期日

卓吾、均平、天植來電，合肥國民大會代表選舉結果，余得票獨多，當選。

12月8日　星期一

此次立法委員選舉，合肥、靈璧、泗縣、五河、壽縣、盱眙、鳳陽、定遠、鳳台、懷遠十數縣為第一選區，應出立委六人候選，省級會報提名合肥李應生（運啟）為第一名，在中央第一次審查，盡摒棄圈，殊屬不公。余前在滬，近在京，感冒，已有一月餘未出席中央常會及審會，而此事實為余最不滿，而心中時感不安。今日為安徽立委最後之審查，去函力爭，其理：

（1）合肥有一百卅餘萬人大縣，依照每一百萬人選舉立委一名之原則，實應佔有一名。

（2）合肥係省會所在地。

（3）前次省會報提名李應生先生，係第一區立委候選
　　　人第一名。

（4）李應生是和平、公正之老志等等理由。

審查會中當即採納愚見，復將李先生列為安徽第一區立
委候選人，堪以告慰。此亦為審查同人對余尊重，亦
是余素來信用之所致，將來提出中央常會，當可順利通
過也。

12 月 9 日　星期二

今晨自早至晚，見客廿餘人，都是為立委選舉。

12 月 10 日　星期三

上午九時出席中央常務會議，討論關于政黨提名補
充規定之實施辦法，因事實與法律均有複雜問題，經三
小時半之久，未得結果，另組小組研究。選舉辦到如此
失敗，都是無人負責，各為其私之因果使然。余本不
想出席，大家均認為選舉已至最後階段，必須出席方
為合理。

12 月 11 日　星期四

午後三時出席中央常務會議暨選舉指導委員會，討
論江蘇、浙江兩省立法委員名單。雖由小組審查擬定之
正式與候補之候選人名單，各人私見不能放鬆，爭論不
已，通過大部份，其他保留從長計議。似此情形，黨政
前途實在令人悲觀。

12月12日　星期五

　　午後三時出席中常會，討論安徽立法委員名單，小組審查余雖未出席參加，但力立主維持審查原案，少更動。惟因中央與地方聯繫關係，酌予調整，全案通過，然已經一小時之久，其中之困難與爭論可想而知。此亦自中央開會以來，開于立委選名單，一次會之解決尚為初次，此亦余大公無私之結果也。上午出席國務會議，討論建國特捐，即是向富人捐款，大家都認為太紛擾，應用簡單辦法，向最富人勸捐。又討論各省自治法案（選舉省縣長），大家都認為距離實行時間太遠，故將兩案分別交付審查。

12月13日　星期六

　　午後出席中央常會暨指導委員會，討論湖北、湖南兩省立委名單。湖北勉強通過，湖南人才多而問題亦多，尚有保留問題未決者。晚間嚴駿人老先生在大陸銀行招待晚餐，並有張岳軍、謝冠生等在坐，菜甚多，當此經濟危急之秋，似有未妥。晚間訪陳光甫兄，蔣主席擬請其赴美作政治、經濟之運用，他以時機未至，擬暫從緩。

12月14日　星期日

　　曾慕韓兄近又生病，余上午十時往訪，共談時局。
結論：
（1）國民大會召開日期，如能于明年一月六日與美國
　　　國會同時召開，以期影響美國國會。否則最好能

于三月廿九日召開，大總統則于五月五日就職。

（2）縮小省區所關太大，宜從緩議。

（3）關于省縣自治，應于制定省縣自治通則後，先選
適宜省份數省試行自治。

（4）關于大總統府之組織，不宜過于複雜，總統府戰
略、國策（政略）兩顧問委員會，但委員人數不
能太多。

以上種種託余轉達蔣主席，計談二小時之久。午後三時
出席中央常會暨選指導委員會，討河南省立委名單。晚
七時半，余在陳光甫兄與胡適之兄作三人長時間之談
話。胡強調對現在時局，應用抵抗日本，苦耐待變辦
法。余以為抗日期間之經濟、政治（人心）、軍事與現
在相比，大有天壤之別，不能同日而語，何時有變不可
知，人民實在耐苦不了。胡是書生本色，富于哲學思
想。胡與光甫感情最好，他二人都是美國人士所信任
者，將來二人能代表政府前往美國，必能收優良之結
果。計談至深夜十一時，盡歡而散。

12 月 15 日　星期一

上午九時出席中央紀念週，後參加中央政治會議，
決議准河北省主席孫連仲辭職，以楚溪春繼任。上午、
下午出席中央常暨選指導委員會，決定廣西、四川、西
康等立委名額。

12 月 16 日　星期二

和仁由肥來京，晨來見，報告此次選舉用費，如

派人下鄉旅費、茶水、請客所必要之款，計四千九百
七十一萬九千元。余選舉全縣一致，尚須如此數目，其
他人之用費，可想而知，整個選舉辦得如此糟，真是勞
命傷財。卓吾弟偕合肥縣參議王議長建五來見，報告合
肥近來情形，並擬購買自衛槍枝，留午飯。閱報驚悉張
溥泉先生繼突於昨晚十一時許患狹心症逝世，蓋因連日
審查立委候選人名單過於繁忙，且每會議渠必主持正
義，說話甚多，昨在會場並晤話甚久，毫無病徵，不意
其遽逝也。據聞其昨晚進餐多喫一碗，旋腹病奇痛，時
以雙手搥胸部，彌留時大吼兩聲，吐氣兩口而逝，醫生
趕到，不及施診，謂係飲食吃壞。總之年老之人晚間不
宜多吃，忙冗過甚，飲食失時，此係大原因也。溥泉於
予為多年老友，奔走革命逾四十年，賦性正直、嫉惡如
仇，生長燕趙，豪氣猶昔，雖已年逾六十六，而精神、
身體不衰，常以老青年自命，可見其健壯也。今晨過其
寓所弔之，午後移靈至史料陳列館，又往致祭。今日漫
天大雪，全城皆白，弔者甚眾，彌見其感人之深矣。

12月17日　星期三

　　午後四時蔣主席約見於黃埔路官邸，首以曾慕韓兄
託轉各節一一報告。

（一）國民大會召開日期：

　　　（1）最好能與行將於明年一月六日開幕之美國國
　　　　　　會配合，以期能影響美國國會及其輿論。

　　　（2）如來不及，則于三月廿九日召開，四月內即
　　　　　　可選舉大總統，就職日期可定五月五日，立

法委員可於四月內自動集會。

（二）縮小省區所關甚大，此時驟然實行，不惟徒滋糾紛，抑且影響勘亂，宜予緩議。

（三）關於省縣自治，應於制定省縣自治通則以後，先選舉適宜省份數省試行自治，庶可樹之風聲，俾資示範。但國內其他省區之主要人事，則宜於行憲政府成立以後大事刷新，庶可勵精圖治。

（四）關於總統府之組織：

（1）不宜過於複雜，尤不宜設有執行性質之機關，以免引起統總府與行政院間之問題。

（2）總統府宜設兩諮詢機關，一為舊有之戰略顧問委員會，一為新設之國策（或政略）顧問委員會，兩會委員人數均不宜過多，其人選尤須慎重。

（五）行憲後之政府，其各級主要人事應大事刷新，一新中外耳目。

（六）去年國民大會決定公布之憲法尚未實施，不宜於本屆國民大會遽加修改，以免招致外人之非議。

以上六事報告完畢以後，余更謂我們在清末革命，其對象即為推翻滿清，民初以後，其對象則在打倒軍閥，抗戰開始，其對象即在戰勝日本，而今日惟一之對象，即在消滅共匪。人謂我們不民主，我們就應該澈底實行民主，今日可說實行民主為救濟中國前途唯一之良藥，對國際觀感、對內各黨派之期望、對國家、對人民均應如此不可。甚望行憲以後，澈底改組政府、推行新政、任

用新人、澄清吏治，庶幾天下定矣。大總統就職之日即
應大赦天下，以示殊恩，即以漢奸論罪者，亦不妨列於
大赦之內。蓋自懲治漢奸以來，不免牽累，譬人家有一
物，被敵偽攫取，而其家中傭僕挾嫌誣控，遽治以資敵
之罪，豈不冤枉，允宜予以自新之機，亦為收拾人心之
助。凡予所陳，主席均極以為然。最後余祝其大總統成
功而出。中間余並及與胡適之談話事，並及葉元龍，主
席頻詢元龍在何處，對其印象甚好。五時偕小魯訪慕韓
於中央醫院，告以頃間與總裁晤談情形。慕韓病貧血，
仍有熱未退，身體虛弱可慮。

大選感言

　　中華民國憲法本年元旦頒布，按照實施程序，依憲
法產生之國民大會代表，首屆立法委員與監察委員之選
舉，應於各有關選舉法公布後六個月後完成之。十二月
廿五日即為國民大會召集之期，中央為踐諾言，不得不
如期舉辦選舉，惟以時間倉卒，準備自難週到，若任自
由競選，深恐不能把握。本黨爰有選舉指導委員會之設
置，各省派指導員一人主持省會報，各縣派縣指導員一
人主持縣會報，決定候選人名單，層轉中央，再由中央
常務委員會會同指導委員會聯席審查，意在求其公允。
而本黨與本黨間、本團與本團間、中央與地方間、地方
與地方間，意見紛歧，仁智各見，每次開會審查，爭執
甚烈，各懷私見，自難公平。加以友黨要求分配名額，
更感為難，力爭不讓，成見尤深。於是省縣會報所決定
者，均予推翻，重定甲乙，咸表不平，本黨之員，離心

離德，損失尤大。此次各省國大代表選舉投票結果，百弊叢生，笑話百出，本黨所支持之候選人很多落選，或為本黨同志候補者爭取，或為未荷指定之本黨同志集中力量支持，以五百名副署之非黨員膺選，即本黨允予支持之友黨候選人，亦很很多未獲選出。本來此次選舉，名係普選，而又加以控制，控制又不澈底，遂改全面皆非，所有法令不能顧慮周詳，每改頭痛醫頭、腳痛醫腳。而主持其事者，又復不負責任，籌備數月，不知所作何事，臨時補救，自然漏洞甚多。日前國務會議決議，凡未經政黨提名之候選人，不得競選，即當選亦難有效。此種措施本屬錯誤，不知以黨紀制裁黨員則可，以命令剝奪公權則不可，此項命令公布，殊使辦理選舉機關對外解釋感覺為難。或謂此次選舉，在此勘亂時期，亟應從緩。以軍事論，東北、華北岌岌可危，長江各省亦被侵擾甚烈，人民極感不安。以經濟論，通貨澎漲，百物高昂，民不聊生，流離失所，救死不暇，遑言選舉，徒滋糾紛，自造亂源，良為不智。而必在此時期，毅然行之，不無可怪。其實民、青兩黨參加政府，已博高位，未必即願趕辦選舉，至委之民意，更屬無稽，此雖一偏之見，殊值得考慮者也。余以為實行民主政制，為救濟中國前途之唯一良方，無論如何困難，自應達到行憲目的。不過時間上因勘亂未平，稍緩辦理，亦無不可，且應充份準備，各種法令尤應周詳，主辦者更應泯除私見，一秉大公，確能選賢與能，咸得其平，為得人慶，則行憲前途光明可預卜也。至予此次被選為合肥國大代表，鄉邦同胞，愛我深切，甚為感禱，本縣

人口逾一百三十餘萬，人才眾多，競選者眾，一致推重，減少許多糾紛。去歲國大代表，本黨遴選百餘人，余列候補，此次民選，關係重大，與前不同，鄉人慫恿參加競選，情至殷拳，未便拒卻，並記於此，以志感焉。

12月18日　星期四

上午十一時張溥泉先生在黨史陳列館舉行大殮，蔣總裁親臨主持，余親往參加，時雪花紛飛，天地一色，全體靜默，肅致哀痛。午後三時出席中央常務會議暨選舉指導委員會，討論職業團體立法委員候選人名單，議論仍是很多。關于安徽立法委員，中央已決定之提名端木傑、佘凌雲、陸心亘、邵華等廿餘人，本晚（十八日）七時在中國實業銀行招待余晚餐，感謝余在中央支持之盛意。余藉此機會加以勉勵，強調團結，推行民主，十分歡慰而散。

12月19日　星期五

上午谷紀常兄來談現在國內形勢及西北大局，計一小時半之久，深贊當前西北之基礎，皆余民國卅年冬考察甘、甯、青黨政收獲之結果也。上午來客不斷，都是為立法委員之提名。午後三時出席中央常會暨選舉指導委員會，討論各省尚有保留即待解決諸種問題。

12月20日　星期六

上午見客。又陳立夫來商談新疆選舉問題，余認為

立委無漢人，以為未妥。下午三時出席常會，討論滿族
國民大會候選人名單，及新疆國大與立委候選人名單，
一致通過。又關于不能會議決定，必需舉行投票以求決
解者，即實行投票。至此選舉提名暫告一段落，其中不
能令人滿意太多，都是各為其私之故也。

12 月 21 日　星期日

今日來客不斷，大多是競選立法委員已獲准中央提
名，向余道謝支持者。但未獲提名者，當然失望，這是
無可如何者。

12 月 22 日　星期一

中孚銀行總副經理孫錫三、李崇年兩兄今晨由滬到
京，余與之作四小時長時之談話。討論中孚將來之業
務，以及發給年關同人之獎金，照全年發十五個半月，
可謂優厚極矣，但同人尚有此數為不滿者，真是人心不
足，有何說焉。陳果夫兄約晚餐，余因另有他約，未入
席即道謝。端木文俠為致和公司事，在百齡餐廳招待孫
錫三、李崇年及余等董監事晚餐，討論該公司一切業務
等事，均認為該公司成立不久，基礎已固，惟缺乏流動
基金，不能有所發展，故決定增資，另召新股。

12 月 23 日　星期二

上午九時出席中央政治會議臨時會議，決議以徐永
昌為陸軍大學校長。又決議河北省廳委名單。又出席中
央常會及選舉指導委員會，決定河北省立委及南京市立

委名單。錫三、崇年、文俠等今日往□縣，視察致和公
司大成麵粉廠。

12月24日　星期三

　　錫三、崇年、文俠今日往當塗縣，視察致和公司太
平碾米廠，再赴蕪湖視察中孚蕪湖分行。今日國府上午
九時有二個會：

（1）國務會議之經濟審查委員會。

（2）國民政府政務官懲戒委員會。

余先出席經濟審查會，討論建國特捐，及中國人民存放
國外外匯資產申報登記條件兩案。余始終認建國特捐大
騷擾，有人主張用戡亂特捐，余曰就是勸捐最有錢的
人，救濟貧苦的人，即用緊急救濟捐名義可矣，先在繁
華都市試辦，由財部另擬實施辦法，呈國務會議核定。
至外匯登記案，仍主交由外交、財政兩部另想辦法。經
過一時半之久散會，故未及出席懲戒委員會。張主席文
白兄午間來談西北大局及全國一般形勢，認為軍事、政
治、經濟早入危險階段，尤以軍事已至戰既不能、和亦
不可。計一小時之久，語多悲觀。據張云現在新疆所選
舉之專員，大多數是余前所用之人才，張當前在新推行
之政策，已回復到余在新所行之政策。

12月25日　星期四

　　今日為中華民國憲法開始施行日期，國民政府根據
選舉總事務所呈報，全國各地選出國民大會代表，已超
過總名額三分之二（二千零四十二名），依憲法之規

定，公佈命令，定于民國卅七年三月廿九日召開國民大
會。這是中華歷史開新頁，亦是劃時代的一天，祝我們
全體人民統一、獨立、平等、自由、新機運順利成功。
卅七年三月廿九日召開國民大會，是余與曾慕韓先生日
前向蔣主席建議者，茲蒙採納，尤為欣慰。

12 月 26 日　星期五

　　上午十時出席國務會議，蔣主席親自主持，討論
三十七年度上半年中央政府歲入歲出總預算案，計歲入
三十餘萬億，而歲出九十餘萬億，不敷太多，實深危
險。此項數字在養人方面佔百分之七十。如此龐大預
算，是中華民國空前未有之預算，經長時間之討論，不
能有所決定，另組特種審查委員會審查。繼又討文武職
人員生活調整案，亦數字太大，不能有所決定，併交特
種審查委員會審查。今日只討論數重要案件，普通案未
及討論，午後二時餘散會，經四小時之久，此為國務會
議以來時間最長之一次。孫錫三、李崇年兩兄日前赴當
塗看太平米廠，蕪湖看中孚銀行分行，本日（廿六）午
後回京，留晚餐。經三小時之久，研究中孚銀行及有關
該行一切事業，都認為時值國家經濟正在崩潰之際，吾
人一切事業，應以保守為原則。

12 月 27 日　星期六

　　上午再與陳光甫兄暢談大局，認為想不出好的辦
法，前途實在危險。下午再與李崇年、孫錫三談中孚銀
行一切事業，余力主採穩健政策，以防金融大風潮之到

來。他們今夜車回滬。

12月28日　星期日

　　今日選舉總事務所公佈全國立法委員候選人名單。
鮑爾漢與默罕麥德伊敏于午後六時在勵志社招待晚餐，
余因事，先辭退。

12月29日　星期一

　　上午九時出席中央紀念週，因總裁未到，推余為主
席，領導行禮。由海外部長陳慶雲兄報告海外黨務，結
論三點多關中南美僑胞事：
（1）僑胞教育。
（2）僑胞婚姻。
（3）僑胞經濟（匯款），都要改良。
紀念週後出席常務會議及選舉指導委員會，討論關於國
民大會代表選舉本黨黨員與友黨黨員退讓之實施辦法，
就是國民黨人當選，讓與友黨。

12月30日　星期二

　　甘肅省保安處長陳倬（雪昭）金壇人，日本士官畢
業，今晨來見。詳談甘省治安，可為全國比較之平安省
份。上午十一時到中央醫院看曾慕韓病，因身體虛弱，
時有寒熱，似難延年，深為可惜。方叔、文叔兩夫婦
昨、今兩日來京。葉元龍兄明日赴滬，就中孚銀行常務
董事職。端木文俠日前赴皖，今日由合肥回京，晚間
來晤，詳談皖省政局，人民太苦，無以為生。至十一

時方散。

12 月 31 日　星期三

老同志四川省參議會議長向傳義（育仁）于中午十二時在考試院招待中央常務委員聚餐，余準時前往。席間向報告川省內外形勢：

（一）現在共匪西竄，將至川境，川兵力單薄。

（二）成都學潮日漸擴大。

（三）尤以選舉問題更為嚴重。

查四川一百四十縣，中央提名之國大代表候選人僅選出卅一人，這個問題無法解決。現在四川已成內外可憂之局，請中央予以明確之指示，在席同人答曰改日開常會時，請向同志出席報告，俾好詳研對策。

民國卅六年之回顧

當此新舊交替時期，吾人檢討既往，瞻念未來，實不禁無限之感觸。在此一年中，就余個人言，于四月間奉命任國民政府委員，九月間中央全會推選為中央常務委員，十一月間合肥一致票選為國民大會代表。尤其於國代及立委候選人經中央審查時，余每次正義發言及有所主張，均為老、少同志所推重，而安徽方面則更以余所決定者為依歸，無論在黨國、在家鄉，余之信譽均大有進步。而在經濟方面，中孚銀行能平妥發展，而中福公司及致和公司亦能穩妥成立，實堪引為欣慰者。惟就大局言之，則殊寓無量之憂慮。蓋國際間共產國際又告復活，美國雖具領導世界宏願，然亦無法停止蘇聯之

活動，在歐亞各洲無不表現美蘇之衝突。德國問題、日
本問題無法解決，以致戰後之和平會議，無形擱淺。再
在國內政治上，國共談判決裂，共黨企圖以武力奪取政
權。就卅六年過去歷史觀之，是在多災多難之中，老百
姓苦不堪言，尤以經濟正在大崩潰，無法收拾，時局確
是嚴重，若長此以往，不堪設想。歸結言之，軍事、政
治、經濟，去年不如前年，今年不如去年，十年以來，
一年不如一年。惟一期望，明年三月廿九日召開國民大
會，實行新憲法，澈底民主，使全民負責任，挽回危
局，救民于水火，余馨香禱祝者也。

附錄
第一屆國民大會安徽省代表名單
(依行政區劃分)

直屬省政府　1市

縣　市	姓　名	黨　派	備註
蚌埠市	陳毓才	民社黨	

第一行政督察區　7縣

縣　市	姓　名	黨　派	備註
懷寧縣	汪幼平	國民黨	
太湖縣	楊慧存	未註明黨派	
桐城縣	史尚寬	國民黨	
潛山縣	沈克俅	國民黨	
岳西縣	儲造時	國民黨	
宿松縣	石櫃夫	國民黨	
望江縣	何世楨	國民黨	

第二行政督察區　5縣

縣市	姓名	黨派	備註
六安縣	宋樹人	國民黨	
立煌縣	江白良	國民黨	
霍山縣	汪弈林	國民黨	
舒城縣	鍾鼎文	國民黨	得票數最高，但未出席
	朱道賢	青年黨	遞補出席
霍邱縣	李夢庚	未註明黨派	得票數最高，但未出席
	謝麟書	國民黨	遞補出席

第三行政督察區　6縣

縣市	姓名	黨派	備註
阜陽縣	李效惠	國民黨	阜陽縣應選2名
	宵馨	國民黨	
臨泉縣	王覲陳	國民黨	
太和縣	胡志遠	國民黨	
亳縣	韓慄生	國民黨	
渦陽縣	周岐山	民社黨	
潁上縣	常法毅	國民黨	

第四行政督察區　5 縣

縣 市	姓 名	黨 派	備註
宿　縣	陳子英	國民黨	宿縣應選 2 名
	王立文	國民黨	
蒙城縣	葛崑山	國民黨	
靈璧縣	趙覺民	國民黨	
五河縣	陳天任	國民黨	得票數最高，但未出席
	譚　驤	民社黨	遞補出席
泗　縣	王子步	國民黨	

第五行政督察區　6 縣

縣 市	姓 名	黨 派	備註
嘉山縣	李咸熙	未註明黨派	
鳳陽縣	張華昌	青年黨	
滁　縣	杭立武	國民黨	
來安縣	章正綬	國民黨	
天長縣	歐陽崙	國民黨	
盱眙縣	吳殿槐	國民黨	

第六行政督察區　8 縣

縣 市	姓 名	黨 派	備註
蕪湖縣	汪祖華	國民黨	
繁昌縣	謝鴻軒	國民黨	
郎溪縣	陶　然	國民黨	
宣城縣	湯志先	國民黨	
涇　縣	翟宗濤	國民黨	得票數最高，但未出席
	翟光熾	民社黨	遞補出席
廣德縣	溫廣彝	國民黨	
當塗縣	高命初	國民黨	得票數最高，但未出席
	謝澄平	青年黨	遞補出席
南陵縣	戴慶雲	青年黨	

第七行政督察區　8 縣

縣 市	姓 名	黨 派	備註
休寧縣	吳兆棠	國民黨	
歙　縣	葉元龍	國民黨	
祁門縣	程永言	國民黨	
黟　縣	吳德壽	國民黨	得票數最高，但未出席
	吳　麟	民社黨	遞補出席
績谿縣	胡鍾吾	國民黨	
旌德縣	江　洵	國民黨	得票數最高，但未出席
	江世義	青年黨	遞補出席
寧國縣	吳覺民	國民黨	
婺源縣	江家瑁	國民黨	

第八行政督察區　7 縣

縣　市	姓　名	黨　派	備註
銅陵縣	王同榮	國民黨	
貴池縣	趙執中	國民黨	
至德縣	徐佩齋	國民黨	得票數最高，但未出席
	周至厚	民社黨	遞補出席
太平縣	焦鳴鑾	國民黨	
東流縣	高貞崧	國民黨	得票數最高，但未出席
	鄒人孟	青年黨	遞補出席
石埭縣	蘇　杰	國民黨	
青陽縣	陳次權	國民黨	得票數最高，但未出席
	曹念誠	民社黨	遞補出席

第九行政督察區　6 縣

縣　市	姓　名	黨　派	備註
巢　縣	張治中	國民黨	
全椒縣	汪傳一	民社黨	
和　縣	高思九	國民黨	撤銷資格
	羅北辰	國民黨	遞補出席
含山縣	過效六	未註明黨派	開會前死亡
無為縣	徐庭瑤	國民黨	
廬江縣	張宗良	國民黨	

第十行政督察區　5 縣

縣　市	姓　名	黨　派	備註
壽　縣	王進之	國民黨	
合肥縣	吳忠信	國民黨	合肥縣應選 2 名
	范雪筠	國民黨	
定遠縣	凌鐵庵	國民黨	
懷遠縣	王子貞	青年黨	
鳳台縣	廖梓英	國民黨	

資料整理自：國史館藏國民政府檔案「國民大會代表各種名冊」。

民國日記 57

吳忠信日記（1947）

The Diaries of Wu Chung-hsin, 1947

原　　著　吳忠信
主　　編　王文隆
總 編 輯　陳新林、呂芳上
執行編輯　李佳若
封面設計　陳新林
排　　版　溫心忻

出　　版　開源書局出版有限公司

香港金鐘夏慤道 18 號海富中心
1 座 26 樓 06 室
TEL：+852-35860995

民國歷史文化學社 有限公司

10646 台北市大安區羅斯福路三段
37 號 7 樓之 1
TEL：+886-2-2369-6912
FAX：+886-2-2369-6990

初版一刷　2021 年 3 月 31 日
定　　價　新台幣 350 元
　　　　　港　幣　90 元
　　　　　美　元　13 元
I S B N　978-986-5578-08-4
印　　刷　長達印刷有限公司
　　　　　台北市西園路二段 50 巷 4 弄 21 號
　　　　　TEL：+886-2-2304-0488

http://www.rchcs.com.tw

國家圖書館出版品預行編目 (CIP) 資料

吳忠信日記 (1947) = The diaries of Wu Chung-
hsin, 1947/ 吳忠信原著 . -- 初版 . -- 臺北市 : 民國
歷史文化學社有限公司 , 2021.03

　面；　公分 . -- (民國日記；57)

ISBN 978-986-5578-08-4 (平裝)

1. 吳忠信　2. 傳記

782.887　　　　　　　　　　　110003416